Peace of Mind

BIBLE
WORD SEARCH

PSALMS

Peace of Mind
BIBLE WORD SEARCH

PSALMS

LINDA PETERS

Good Books®

New York, New York

Library of Congress Cataloging-in-Publication Data is available on file.

Cover design by Joanna Williams
Cover image used under license from Shutterstock.com

Print ISBN: 978-1-68099-627-2

Printed in the United States of America

All scripture quotations are taken from the following sources:

The Holy Bible, New International Version®, NIV®. Copyright © 1973, 1978, 1984, 2011 by Biblica, Inc.™ Used by permission of Zondervan. All rights reserved worldwide. www.zondervan.com The "NIV" and "New International Version" are trademarks registered in the United States Patent and Trademark Office by Biblica, Inc.™

The ESV® Bible (The Holy Bible, English Standard Version®), copyright © 2001 by Crossway, a publishing ministry of Good News Publishers. Used by permission. All rights reserved.

The New American Standard Bible® (NASB), Copyright © 1960, 1962, 1963, 1968, 1971, 1972, 1973, 1975, 1977, 1995 by The Lockman Foundation. Used by permission. www.Lockman.org

New Revised Standard Version Bible, copyright 1989, Division of Christian Education of the National Council of the Churches of Christ in the United States of America. Used by permission. All rights reserved.

Holy Bible, New Living Translation, copyright © 1996, 2004, 2015 by Tyndale House Foundation. Used by permission of Tyndale House Publishers, Inc., Carol Stream, Illinois 60188. All rights reserved.

The Holy Bible, King James Version. New York: American Bible Society: 1999; Bartleby.com, 2000.

Psalm 1:1-2

```
B W N N M S S S L O R D D Q
D B B B X T E B K Y R T Z Y
M W L Q A C G T N L H D B D
K W I N V G O J A G A N V R
B N D C T S R U I T S W B B
T S I D K T I L N R I W D Y
N Q B G Q E E N E S P D J D
S W N Y H D D F N B E B E Y
D E M Y L T F G J E L L M M
A K A B L O D J G E R W D M
Y G Y T C Z D V S R A S W L
W Y Y S W V Y S T L M W Z D
Y V N T J T E J R N T R M N
P B N G X D R Q G Z M T Y N
```

lessed is the man
ho _walks_ not in the _counsel_
  of the _wicked_,
or _stands_ in the way of _sinners_,
or sits in the _seat_ of _scoffers_;
ut his _delight_ is in the _law_ of the _Lord_,
nd on his law he _meditates_ _day_
  and _night_.

BLESSED	SCOFFERS
WALKS	DELIGHT
COUNSEL	LAW
WICKED	LORD
STANDS	MEDITATES
SINNERS	DAY
SEAT	NIGHT

Psalm 2:10-11

```
N T K E C I O J E R
T H E R E F O R E B
T R E M B L I N G N
W D S M E S O H M M
E A N G R V T R R Z
S D R E N R R A D X
I R L N A I E E J J
W U V E E F K W S Q
R Q K Q D D J D L T
```

Now <u>therefore</u>, O <u>kings</u>, be <u>wise</u>;
be <u>warned</u>, O <u>rulers</u> of the <u>earth</u>.
<u>Serve</u> the <u>Lord</u> with <u>fear</u>,
and <u>rejoice</u> with <u>trembling</u>.

THEREFORE
KINGS
WISE
WARNED
RULERS
EARTH
SERVE
LORD
FEAR
REJOICE
TREMBLING

Psalm 3:3-4

```
S Y S N P L M A Z T
H R M T L B N B R N
I O N A F S G D G Y
E L C I W I R R L P
L G A E A O L O M W
D D R R L T H G I H
Z S Q Y O E N D M P
M B R D A U Y U D W
K L Q D L N N R O N
V Z B N L T T D N M
```

ut you, _Lord,_ are a _shield_ _around_ me,
y _glory,_ the One who _lifts_ my
head _high._
call out to the Lord,
nd he _answers_ me from his
holy _mountain._

LORD
SHIELD
AROUND
GLORY
LIFTS
HEAD

HIGH
CALL
ANSWERS
HOLY
MOUNTAIN

Psalm 4:6-8

```
Y D R E T T E B B
E S R E P S W W T
Q C T O T E A N L
X S A S L A A F N
T M N F E D E C E
Y I R I N V W R E
O L M U A O R N G
J E B E H R I A R
N A J S S W G J H
```

Many people say, "Who will <u>show</u> us <u>better</u> <u>times</u>?"
Let your <u>face</u> <u>smile</u> on us, <u>Lord.</u>
You have given me <u>greater</u> <u>joy</u>
than those who have <u>abundant</u> <u>harvests</u> of <u>grain</u> and new <u>wine</u>.
In <u>peace</u> I will lie down and sleep,
for you alone, O Lord, will keep me <u>safe</u>.

SHOW	JOY
BETTER	ABUNDANT
TIMES	HARVESTS
FACE	GRAIN
SMILE	WINE
LORD	PEACE
GREATER	SAFE

Psalm 5:11-12

```
R E J O I C E S X Y T T
D A E R P S U K W M B L
R X Q W N R M G G D N J
L R Z R R B F R O O W N
P R K O L G E I I D P P
J D U E Q F F T L R L L
Y N S T U O C E A L B Y
D S D G R E I I S N E L
B B E E T H S Z P I O D
P D V O S E Y Y Z V N J
D E R M S T W N E N O G
R P M Z M M R L X Y G K
```

ut let all who take <u>refuge</u> in you <u>rejoice</u>;
et them <u>sing</u> joyful <u>praises</u> <u>forever</u>.
pread your <u>protection</u> over them,
hat all who love your name may be
<u>filled</u> with <u>joy</u>.
or you <u>bless</u> the <u>godly</u>, O Lord;
ou <u>surround</u> them with your <u>shield</u>
of <u>love</u>.

REFUGE	FILLED
REJOICE	JOY
SING	BLESS
PRAISES	GODLY
FOREVER	SURROUND
SPREAD	SHIELD
PROTECTION	LOVE

Psalm 6:2-4

```
G B R L W K T N M M
N O S E O F A I N T
I N O G V R N R U T
L E U P L I D B H D
I S L O L M L S L X
A E N Y E X I E Y Y
F G V R H U G N D E
N B C A G E O N V Y
U Y T N S G A O X P
N W A W A L L L L D
```

Have <u>mercy</u> on me, <u>Lord</u>, for I am <u>faint</u>;
<u>heal</u> me, Lord, for my <u>bones</u> are in <u>agony</u>.
My <u>soul</u> is in deep <u>anguish</u>.
How <u>long</u>, Lord, how long?
<u>Turn</u>, Lord, and <u>deliver</u> me;
<u>save</u> me because of your <u>unfailing</u> love.

MERCY	ANGUISH
LORD	LONG
FAINT	TURN
HEAL	DELIVER
BONES	SAVE
AGONY	UNFAILING
SOUL	LOVE

Psalm 7:9

```
X R B S M I N D S M J T
T Y D U N R T Z O Y X E
T V I O L E N C E G R Z
P W S E W E K A M U K G
R N X T Y I V J C D N M
O V Q H R R C E D I L M
B W G G D A S K R N W N
E D R I P R E B E L E P
S P Y R M R D H J D Q M
```

Bring to an end the violence of
   the wicked
and make the righteous secure—
you, the righteous God,
who probes minds and hearts.

BRING	SECURE
END	GOD
VIOLENCE	PROBES
WICKED	MINDS
MAKE	HEARTS
RIGHTEOUS	

Psalm 8:3-5

```
Q Y L A J L K Y F Z T J
R H D W N R L I E R A C
D E L D O G N H U M A N
E A D W N G E V R Y K R
N V X I E I T L R V B M
W E S R S R K O S R N Y
O N S T E N L N O P T B
R S M W A G O N A M R D
C N O O M R O C D M B X
D L M J X H S D X D T R
```

When I <u>consider</u> your <u>heavens</u>,
the <u>work</u> of your <u>fingers</u>,
the <u>moon</u> and the <u>stars</u>,
which you have set in place,
what is <u>mankind</u> that you are mindful
   of them,
<u>human</u> beings that you <u>care</u> for them?
You have made them a little <u>lower</u> than
   the <u>angels</u>
and <u>crowned</u> them with <u>glory</u> and <u>honor</u>.

CONSIDER	HUMAN
HEAVENS	CARE
WORK	LOWER
FINGERS	ANGELS
MOON	CROWNED
STARS	GLORY
MANKIND	HONOR

Psalm 9:9-10

```
B Z D T I M E S T G R B
X N E N W N R R G E B N
K W S P M T U R V D E Y
T N S D B S R E L K D R
N D E Z T M N O A K B Q
K D R O L G H S U M J X
D Z P N W G R N K B M Q
K R P T N O B E A E L P
T M O O F V N V F M E E
R R R D W N Z K N U E S
P T B M Z K G N Y D G N
S X Y B Z R L T N N K E
```

The <u>Lord</u> is a <u>refuge</u> for the <u>oppressed</u>,
a <u>stronghold</u> in <u>times</u> of <u>trouble</u>.
Those who <u>know</u> your <u>name</u> <u>trust</u> in you,
for you, Lord, have <u>never</u> <u>forsaken</u> those
who <u>seek</u> you.

LORD	KNOW
REFUGE	NAME
OPPRESSED	TRUST
STRONGHOLD	NEVER
TIMES	FORSAKEN
TROUBLE	SEEK

Psalm 10:14

M W V G B C Z N K A J B
B S Y I O Y T M F R C J
E W S M C Y M F R O R T
K T M E G T L T N D H J
A I R R L I I S Z E B V
T K I O C R I M L G D L
W E S T U D E P S N T Q
F E E L E B E H A N Y G
E D L R P R L H T D O G
Y D P V T B R E R A P K
L R D J T B D Z X L F D

*But you, <u>God</u>, <u>see</u> the <u>trouble</u> of
  the <u>afflicted</u>;
you <u>consider</u> their <u>grief</u> and <u>take</u> it
  in <u>hand</u>.
The <u>victims</u> <u>commit</u> themselves to you;
you are the <u>helper</u> of the <u>fatherless</u>.*

GOD	TAKE
SEE	HAND
TROUBLE	VICTIMS
AFFLICTED	COMMIT
CONSIDER	HELPER
GRIEF	FATHERLESS

Psalm 12:5-6

```
D B S R B Q T V G T K Z K
K Q O E T R I E U C S E R
X O Z S S O E C A N R U F
P B R S L I G F D Z B T L
B K Y E D D M R I R T M V
Z W N L T E R O O N O Q D
L C Y P L T G A R A E L Q
E S I L V E R N E P N D K
R B D E P R N K O H K S R
B R L H I U P Y Q L J V K
L M N S D Y R J D Z V D D
G P E T J M G E W G W T R
```

The _Lord_ replies, "I have seen _violence_ done to the _helpless_,
and I have _heard_ the _groans_ of the _poor_.
Now I will _rise_ up to _rescue_ them,
as they have _longed_ for me to do."
The Lord's _promises_ are _pure_,
like _silver_ _refined_ in a _furnace_,
purified seven times over.

LORD	RESCUE
VIOLENCE	LONGED
HELPLESS	PROMISES
HEARD	PURE
GROANS	SILVER
POOR	REFINED
RISE	FURNACE

Psalm 13:5-6

```
U S E C I O J E R L
P N O I T A V L A S
R R F M D S R R Y R
A U M A L L U J T G
I O D O I H B R G T
S Y V D E L G N T K
E E R A T O I G D Q
P O R M O S B N V G
L T L D R M X Y G D
```

But I <u>trust</u> in <u>your</u> <u>unfailing</u> <u>love</u>;
my <u>heart</u> <u>rejoices</u> in your <u>salvation</u>.
I will <u>sing</u> the <u>Lord's</u> <u>praise</u>,
for he has been <u>good</u> to me.

TRUST	SALVATION
YOUR	SING
UNFAILING	LORD
LOVE	PRAISE
HEART	GOOD
REJOICES	

Psalm 16:9-11

```
S P G L Y L U O S R
E R Y N I T D Y E J
R E E O I F E V P T
U S W C J T E F R P
S E G L I R N A A R
A N W R O O E A E S
E C D F A H J S R M
L E N A O V T E K G
P T J L L S E L R B
L N Y R T G T L T B
```

No wonder my <u>heart</u> is <u>glad</u>,
  and I <u>rejoice</u>.
My body <u>rests</u> in <u>safety</u>.
For you will not leave my <u>soul</u> among
  the dead
or allow your <u>holy</u> one to rot in the <u>grave</u>.
You will show me the way of <u>life</u>,
<u>granting</u> me the <u>joy</u> of your <u>presence</u>
and the <u>pleasures</u> of living with
  you <u>forever</u>.

HEART	GRAVE
GLAD	LIFE
REJOICE	GRANTING
RESTS	JOY
SAFETY	PRESENCE
SOUL	PLEASURES
HOLY	FOREVER

Psalm 17:6-7

```
J P V X U N N M P N J T R D
Y A Y M W N Y L D N L G R K
L R N E Z Y F N B N D Y D T
G U V S N V E A V V Q R Y B
M O F Y W B G N I Y A R P S
L R D R T E D E B L M J H N
E L R V E H R B G Y I O T V
W N D E Z D G Q L U W N N Z
Y V E W S W N I T P F T G Y
M T M M V C S O M D O E N B
K W D X I T U M W J Y W R V
B O Q T E E R E R Q T R E R
G V N N N Q S Q D B T Z Q R
```

I am <u>praying</u> to you because I know you
   will <u>answer</u>, O <u>God</u>.
<u>Bend</u> down and <u>listen</u> as I pray.
<u>Show</u> me your <u>unfailing</u> love in
   <u>wonderful</u> ways.
By your <u>mighty</u> <u>power</u> you <u>rescue</u>
those who seek <u>refuge</u> from their
   <u>enemies</u>.

PRAYING	LOVE
ANSWER	WONDERFUL
GOD	MIGHTY
BEND	POWER
LISTEN	RESCUE
SHOW	REFUGE
UNFAILING	ENEMIES

Psalm 18:1-3

```
S A L V A T I O N D L M P J
E T L D D Y S S E R T R O F
I L R L L R D L Z S D L L K
M W Z O Q E I D T R O C K T
E R O B N V I R E G U F E R
N S M R E G E H P R A I S E
E L A R T N H T S L O V E L
Q O E V G H D O Z D L N M X
T R B T E X Y X L N R B R M
D D H B G D R W X D R R R V
```

love you, _Lord_, my _strength_.

he Lord is my _rock_, my _fortress_
  and my _deliverer_;

y God is my rock, in whom I
  take _refuge_,

y _shield_ and the horn of my _salvation_,
  my _stronghold_.

called to the Lord, who is _worthy_
  of _praise_,

nd I have been _saved_ from my _enemies_.

LOVE	SHIELD
LORD	SALVATION
STRENGTH	STRONGHOLD
ROCK	WORTHY
FORTRESS	PRAISE
DELIVERER	SAVED
REFUGE	ENEMIES

Psalm 18:35-36

```
T E E F M N B X J
S U P P O R T S G
V I C T O R Y N T
D G G M R H I R H
L R I R R P E A M
E E K V P I N L P
I A D I E D G A P
H T L I D N T H V
S S Y V W H Q L T
```

You have <u>given</u> me your <u>shield</u> of <u>victory</u>.
Your <u>right</u> <u>hand</u> <u>supports</u> me;
your <u>help</u> has made me <u>great</u>.
You have made a <u>wide</u> <u>path</u> for my <u>feet</u>
to keep them from <u>slipping</u>.

GIVEN	HELP
SHIELD	GREAT
VICTORY	WIDE
RIGHT	PATH
HAND	FEET
SUPPORTS	SLIPPING

Psalm 19:9a-11

```
E S L T F D E N R A W
N D E I N L G I K S B
D P R E O A G O W Z J
U M R R R H V E L W D
R D D E T C E R V D X
I M R E C T E Y E F V
N P O A E I E D E S Z
G U U R W N O A W T Z
S T G R O E R U B R L
P M D H E L R D S Y Z
```

The _fear_ of the _Lord_ is _pure_,
enduring forever.
The _decrees_ of the Lord are _firm_,
and all of them are _righteous_.
They are more _precious_ than _gold_,
than much pure gold;
they are _sweeter_ than _honey_,
than honey from the honeycomb.
By them your _servant_ is _warned_;
in keeping them there is great _reward_.

FEAR	PRECIOUS
LORD	GOLD
PURE	SWEETER
ENDURING	HONEY
DECREES	SERVANT
FIRM	WARNED
RIGHTEOUS	REWARD

Psalm 20:7-8

```
C H K R X D R K D B P
H O M T S I N G T P P
A R V O S E G H L Q W
R S M E E U G O N Y D
I E S S D U R A D L L
O S J T O D M T L G Y
T M M R A E Z L M W R
S B B G Z N A M R I F
M M B W D F D P L M L
```

Some <u>trust</u> in <u>chariots</u> and <u>some</u>
*   in <u>horses</u>,*
but we trust in the <u>name</u> of the <u>Lord</u>
*   our <u>God</u>.*
They are <u>brought</u> to their <u>knees</u> and <u>fall</u>,
but we <u>rise</u> up and <u>stand</u> <u>firm</u>.

TRUST	BROUGHT
CHARIOTS	KNEES
SOME	FALL
HORSES	RISE
NAME	STAND
LORD	FIRM
GOD	

Psalm 22:19-21

```
R X N G Y X H C T A N S
S T R E N G T H R Y P J
E K Y L J A S D K Z Y M
Z R S A I A L G T M R M
H X A D T O W C O E R D
O K V P R S O S F D K W
R T E D S M W I N J N Q
N Y V Q E O L E V K R L
S V T R R Y X L Y P D N
R Y J D K O G X R Y J K
```

O Lord, do not stay far away!
You are my strength; come quickly
  to my aid!
Save me from the sword;
spare my precious life from these dogs.
Snatch me from the lion's jaws
and from the horns of these wild oxen.

LORD	SPARE
STAY	LIFE
STRENGTH	DOGS
COME	SNATCH
AID	JAWS
SAVE	HORNS
SWORD	OXEN

Psalm 22:27-28

```
R B E L O N G S L R D
N E N R U T E X R R Y
E A M N O I N I M O D
N A T E L R U L E S L
D D R I M L X J P M K
S O M T O B O W K K V
N A W R H N E K G W X
F N D N Y L S R G P Q
```

All the _ends_ of the _earth_
will _remember_ and _turn_ to the _Lord,_
and all the _families_ of the _nations_
will _bow_ _down_ before him,
for _dominion_ _belongs_ to the Lord
and he _rules_ over the nations.

ENDS	NATIONS
EARTH	BOW
REMEMBER	DOWN
TURN	DOMINION
LORD	BELONGS
FAMILIES	RULES

Psalm 23:1-4

```
R I G H T E O U S N E S S
S H E P H E R D H M L Y N
T F S T T L D T J H Q M R
R F V T L X E I T W A L K
O A P U I R Y E S W T Y D
F T O A O L D G A E E L R
M S B T S A L T J L B P Z
O L S H E T E M L N N W D
C E T L Z R U A K L D O R
R A R X S G V R M K Q L W
P Z V Z B P N Y E R R L J
N D D Q B P M Z J S M G V
```

The Lord is my <u>shepherd</u>; I shall not want.

He maketh me to lie down in green <u>pastures</u>: he <u>leadeth</u> me <u>beside</u> the <u>still</u> <u>waters</u>.

He <u>restoreth</u> my <u>soul</u>: he leadeth me in the <u>paths</u> of <u>righteousness</u> for his name's sake.

Yea, though I <u>walk</u> through the <u>valley</u> of the shadow of death, I will fear no evil: for thou art with me; thy <u>rod</u> and thy <u>staff</u> they <u>comfort</u> me.

SHEPHERD	PATHS
PASTURES	RIGHTEOUSNESS
LEADETH	WALK
BESIDE	VALLEY
STILL	ROD
WATERS	STAFF
RESTORETH	COMFORT
SOUL	

Psalm 24:1-2

```
G E L P O E P Q Z N
G N O L E B D G O Q
S O I L T L N I M E
H C B H R L T X A J
T E B O T A I R Q N
P A W L D Y T U S G
E N L N O H R A B N
D L U A D R E E J K
M O T M I S D D V Q
F J G L V D B W N E
```

The <u>earth</u> is the <u>Lord</u>'s, and <u>everything</u> in it.
The <u>world</u> and all its <u>people</u> <u>belong</u> to him.
For he <u>laid</u> the earth's <u>foundation</u> on the <u>seas</u>
and <u>built</u> it on the <u>ocean</u> <u>depths</u>.

EARTH	LAID
LORD	FOUNDATION
EVERYTHING	SEAS
WORLD	BUILT
PEOPLE	OCEAN
BELONG	DEPTHS

Psalm 25:4-5

```
K T T L M X D L T B Z D
Z J O D D N L S F D A W
L N S J P D V O A O D G
G D M H R L L L R V O D
H Y R L O L W M B D E D
T T D I O W T N I O P S
D T A W G H L G B L Y E
M Q R P C H Y T Q X P X
J B T A D Q T R X O D L
R D E B R K Z U H L E K
M T G P O Y J T Z A G B
N Y R G L B D H D B G K
```

how me the _right_ _path_, O _Lord_;
oint out the _road_ for me to _follow_.
ead me by your _truth_ and _teach_ me,
r you are the _God_ who _saves_ me.
ll day _long_ I put my _hope_ in you.

SHOW	LEAD
RIGHT	TRUTH
PATH	TEACH
LORD	GOD
POINT	SAVES
ROAD	LONG
FOLLOW	HOPE

Psalm 25:14-15

```
R E S C U E S S Z
Z T T F W D E N N
A J N N R H R S Q
M L V A C I E O E
S G W A N I E Y L
R P E A M E E N N
A T A E Y S V T D
E Y N R Y S V O N
F E D W T Y D V C
```

The <u>Lord</u> is a <u>friend</u> to those who
<u>fear</u> him.
He <u>teaches</u> them his <u>covenant</u>.
My <u>eyes</u> are <u>always</u> on the Lord,
for he <u>rescues</u> me from the <u>traps</u> of
my <u>enemies</u>.

LORD	EYES
FRIEND	ALWAYS
FEAR	RESCUES
TEACHES	TRAPS
COVENANT	ENEMIES

Psalm 26:1-3

```
S S E N L U F H T I A F
E D E T S U R T Y B T Z
V R S Z A T Y T N S M Y
O O D E E C I R A W W D
R L T S Y R I F T A Y Z
P N T R G E D D V T T M
E M T E A A B E N T T X
D V T L E E R W N I X M
N N O T Y I H A T D V R
I X S L N G Y L T R M T
M W N G L M R K J Y T R
```

Vindicate me, O Lord,
for I have walked in my integrity,
and I have trusted in the Lord
without wavering.
Prove me, O Lord, and try me;
test my heart and mind.
For your steadfast love is before
my eyes,
and I walk in faithfulness to you.

VINDICATE	HEART
LORD	MIND
INTEGRITY	STEADFAST
TRUSTED	LOVE
WAVERING	EYES
PROVE	WALK
TRY	FAITHFULNESS
TEST	

Psalm 27:13-14

```
S Y M M M D T G R J L
T E G A R U O C E Z R
R L K O S O G V Q Z J
O L L E D N E H D J M
N A E N I I E N W M D
G H E V L A A A L Z D
L S I E R L I T A K E
S L B T X T T Y R L Q
```

I _believe_ that I _shall_ _see_ the _goodness_
   of the _Lord_
in the _land_ of the _living_.
Wait for the Lord;
be _strong_, and let your _heart_ _take_
   courage;
wait for the Lord!

BELIEVE	LIVING
SHALL	WAIT
SEE	STRONG
GOODNESS	HEART
LORD	TAKE
LAND	COURAGE

Psalm 28:8-9

```
N O I T A V L A S P I
A P B L E S S Y R N X
N E C Y B T G S H R S
O O A B J B H E F T R
I P R B M E R O R E W
N L R Y P I R E V Y N
T E Y H T T N E R V N
E J E A R G R L V P G
D R N E T O B L O A W
D C S H F D B W T R S
E S V X T B Q M K J D
```

he Lord is the <u>strength</u> of his <u>people</u>, fortress of <u>salvation</u> for his <u>anointed</u> one.

ve your people and <u>bless</u> your <u>inheritance</u>; their <u>shepherd</u> and <u>carry</u> them <u>forever</u>.

LORD	SAVE
STRENGTH	BLESS
PEOPLE	INHERITANCE
FORTRESS	SHEPHERD
SALVATION	CARRY
ANOINTED	FOREVER

Psalm 29:1-2

```
Y W V Z Y D V J L T
L O H D M R M S S G
N R V T T O P S S X
E S D L G L E G B E
V H X Z E N N Z B N
A I R N I I E I R G
E P D L E N R R L R
H O O B E C A O T L
R H T U S J R M W S
Y J D A R Y J B E M
```

Ascribe to the _Lord_, you _heavenly_
  beings,
ascribe to the Lord _glory_ and _strength_.
Ascribe to the Lord the glory _due_
  his _name_;
worship the Lord in the _splendor_ of
  his _holiness_.

ASCRIBE	DUE
LORD	NAME
HEAVENLY	WORSHIP
BEINGS	SPLENDOR
GLORY	HOLINESS
STRENGTH	

Psalm 30:4-5

```
E J M G R P Q K B W M R
T M N Y A O G L E P D R
P I I N L N V E J M B N
S R G T I D P A O L G N
L E A N E I O M F R D N
R H R I N F E G E M A N
J O J G S N I N I G H T
M L O Y T E K L O R D B
B Y Y K W N R N M Q L L
```

_ng_ to the <u>Lord</u>, all you <u>godly</u> ones!
aise his <u>holy</u> <u>name</u>.
_r_ his <u>anger</u> lasts only a <u>moment</u>,
_t_ his <u>favor</u> lasts a <u>lifetime</u>!
eeping may last through the <u>night</u>,
t joy comes with the <u>morning</u>.

SING	MOMENT
LORD	FAVOR
GODLY	LIFETIME
PRAISE	WEEPING
HOLY	NIGHT
NAME	JOY
ANGER	MORNING

Psalm 31:19

```
S T T L M T T T J
T Y N L D H A Z N
O W W A I T R K Q
R R O N D K W E E
E S G T T N G O J
D S I G S U U R H
T R O G F E A B W
D O Q E H E B Z A
D P R M F T L D K
```

How abundant are the good things
that you have stored up for those who
   fear you,
that you bestow in the sight of all,
on those who take refuge in you.

HOW	BESTOW
ABUNDANT	SIGHT
GOOD	ALL
THINGS	TAKE
STORED	REFUGE
FEAR	

Psalm 32:1-2

```
S N O I S S E R G S N A R T
R E D N L L M R L T Q L D J
M V S E Q J M W K L R T Y Y
M I I L S C O V E R E D G Z
V G N Y P S A K T L B Y D J
C R S Z L G E I M V W B N J
K O R Z A T R L D E C E I T
T F U I Z I Z N B O G D R B
D L N N P R Q J N T R L T Q
P S X S T D M E Y K B D W V
T G X R N R W L R D Y R K Y
D T Z W Y O D Y T D P Z T J
D P N Y V L D P D D T T N N
```

lessed is the <u>one</u>
hose <u>transgressions</u> are <u>forgiven</u>,
hose <u>sins</u> are <u>covered</u>.
lessed is the one
hose sin the <u>Lord</u> does not <u>count</u>
  <u>against</u> them
nd in whose <u>spirit</u> is no <u>deceit</u>.

BLESSED	LORD
ONE	COUNT
TRANSGRESSIONS	AGAINST
FORGIVEN	SPIRIT
SINS	DECEIT
COVERED	

Psalm 33:2-3

```
S G Y D P V J J R E G
T N R A W R N W K S G
R I V E L T A A K P Q
I S N P Y P M I Y N G
N Q P L R Y L O S N V
G J O D E L J X O E J
E R M J F C I S U M N
D T P U S H O U T Z P
G M L R T R T L N N V G
R L Y B A V J D Z M B
Y M V G T H J Q V D G
```

Praise the Lord with the harp;
make music to him on the
   ten-stringed lyre.
Sing to him a new song;
play skillfully, and shout for joy.

PRAISE	SING
LORD	NEW
HARP	SONG
MAKE	PLAY
MUSIC	SKILLFULLY
STRINGED	SHOUT
LYRE	JOY

Psalm 33:10-11

```
S N O I T A R E N E G M P
P U R P O S E S N Y V R X
S R F A S S L A V Q N M L
T L L O T N T P E O P L E
R L I A R I A H R P Y P T
A D N O O E E L M M D J R
W D R N F A V R P Y Y W R
H M S O R Y I E K D G Z V
T B N T L F M M R T Q W K
```

he _Lord_ _foils_ the _plans_ of the _nations_;
e _thwarts_ the _purposes_ of the _peoples_.
ut the plans of the Lord _stand_
  firm _forever_,
he purposes of his _heart_ through
  all _generations_.

LORD	STAND
FOILS	FIRM
PLANS	FOREVER
NATIONS	HEART
THWARTS	ALL
PURPOSES	GENERATIONS
PEOPLE	

Psalm 34:12-14

```
L I E S M S T U R N D
K E E S Y E L R R P R
P T T A N T V L M N R
E E D R D E S I R E S
F L A Z E T Y L L P D
I I B C O V O N U R D
L P G N E V E R A G D
V S G N E X S O O M Z
B U X S R U Y O H T X
E R Q M E G D Q D W V
```

Whoever of you *loves life*
and *desires* to see *many good days*,
keep your *tongue* from *evil*
and your *lips* from telling *lies*.
Turn from evil and do good;
seek peace and *pursue* it.

WHOEVER	EVIL
LOVES	LIPS
LIFE	LIES
DESIRES	TURN
MANY	SEEK
GOOD	PEACE
DAYS	PURSUE
TONGUE	

Psalm 35:10

```
D Q V T R Z C E V Q Z
Z J Y J N O N R D H X
Z L Q T M O O R E N L
S B R P B O G L K B Q
T G A R P M P T P Y K
C R N T E L N R T Y R
E Y J O E S A N E J V
T L D S R I C V M R W
O O S O S T E U R O B
R R Q E B R S Z E G Q
P D D L Y Y M R Q S Q
```

"With <u>every</u> <u>bone</u> in my <u>body</u> I will <u>praise</u> him:
<u>Lord</u>, who can <u>compare</u> with you?
Who else <u>rescues</u> the <u>helpless</u> from the <u>strong</u>?
Who else <u>protects</u> the helpless and <u>poor</u> from those who <u>rob</u> them?"

EVERY	RESCUES
BONE	HELPLESS
BODY	STRONG
PRAISE	PROTECTS
LORD	POOR
COMPARE	ROB

Psalm 36:5-6

```
S S E N S U O E T H G I R
S S E N L U F H T I A F M
H B L P Y O N J G S B S Q
S E J G C T U B N L D X M
E W A E N S H I L U T X M
H S A V T I A G O D R O L
C N H I E T L L I T T R Y
A Y C T N N C I S M R Q R
E E L U P D S A A R L N Z
R B O Z T E V Y N F T B J
J M V D N D D B Y Y N N Q
J M E W B M N B R R Y U V
```

Your <u>unfailing love</u>, O <u>Lord</u>, is as
<u>vast</u> as the <u>heavens</u>;
your <u>faithfulness</u> <u>reaches</u> beyond
the <u>clouds</u>.
Your <u>righteousness</u> is like the
<u>mighty</u> <u>mountains</u>,
your <u>justice</u> like the <u>ocean</u> <u>depths</u>.

UNFAILING	CLOUDS
LOVE	RIGHTEOUSNESS
LORD	MIGHTY
VAST	MOUNTAINS
HEAVENS	JUSTICE
FAITHFULNESS	OCEAN
REACHES	DEPTHS

Psalm 37:10-11

```
Y T I R E P S O R P
K Y J W F O U N D N
W O R M H X K I M E
I J Y L D I N O R Y
C N E M I H L O O B
K E T C E T M E B L
E N D R A E T N P Z
D T I N T E K L M W
V T B M A R P B E T
D K L R V L M N P M
```

A *little* *while*, and the *wicked* will be
   no *more*;
hough you *look* for them, they will not
   be *found*.
But the *meek* will *inherit* the *land*
and *enjoy* *peace* and *prosperity*.

LITTLE	MEEK
WHILE	INHERIT
WICKED	LAND
MORE	ENJOY
LOOK	PEACE
FOUND	PROSPERITY

Psalm 38:8b-9

```
S N Q D E S I R E L
I L O L Q Q N E L M
G L M I Q N R M J V
H A B Q T O A T G T
I H Y R F A R O R R
N N I E X A T W R L
G T B D E Y L I L G
D L L H D Y O O G K
M N T N B E R U M A
M B Y P D D N R N M
```

I *groan* because of the *agitation*
of my *heart*.
Lord, *all* my *desire* is *before* You;
And my *sighing* is not *hidden* from You.

GROAN	DESIRE
AGITATION	BEFORE
HEART	YOU
LORD	SIGHING
ALL	HIDDEN

Psalm 40:5

```
W O N D E R S P J J J
D C V S Y V L N O N E
E R O N P A T S J Q R
C D A M N E G L L E T
L M E N P N A L J B Q
A D E E I A O K K N J
R D O H D R R D O N E
E V T G D S R E Z Y D
```

Many, Lord my God,
are the wonders you have done,
the things you planned for us.
None can compare with you;
were I to speak and tell of your deeds,
they would be too many to declare.

MANY	NONE
LORD	COMPARE
GOD	SPEAK
WONDERS	TELL
DONE	DEEDS
THINGS	DECLARE
PLANNED	

Psalm 40:9-10

```
S S E N L U F H T I A F J
R I G H T E O U S N E S S
H E A R T H I D E V S D Q
D L P N G T X R T P L X L
D N Y L R L V J E P J G D
Y L B M E S S A R C N S M
S L T D A H K O O I P Q Z
L T S N T B C N V I D J R
O K C E W L C A L L K T D
V Q Z A A E S R N N X X W
E D D I A L T J Y W B G J
R N M L B W Y T M Q Q R W
```

I <u>proclaim</u> your <u>saving</u> <u>acts</u> in the
  <u>great</u> <u>assembly</u>;
I do not <u>seal</u> my <u>lips</u>, Lord,
as you know.
I do not <u>hide</u> your <u>righteousness</u>
  in my <u>heart</u>;
I <u>speak</u> of your <u>faithfulness</u> and your
  saving <u>help</u>.
I do not <u>conceal</u> your <u>love</u> and
  your faithfulness
from the great assembly.

PROCLAIM	RIGHTEOUSNESS
SAVING	HEART
ACTS	SPEAK
GREAT	FAITHFULNESS
ASSEMBLY	HELP
SEAL	CONCEAL
LIPS	LOVE
HIDE	

Psalm 41:1-2

```
P E N E M I E S R L
P R R E V I L A P B
G O O L L M D R Z S
R I O S J B O R P R
Z E V R P T U E O D
W T S E E E E O N L
D Q D C S K R A R J
L N T Q U Z L I O T
Z S I D Z E Q Y T J
X R N K V D S T N Y
```

Oh, the _joys_ of those who are _kind_
   to the _poor_!
The _Lord_ _rescues_ them when they are
   in _trouble_.
The Lord _protects_ them
and _keeps_ them _alive_.
He _gives_ them _prosperity_ in the _land_
and rescues them from their _enemies_.

JOYS	KEEPS
KIND	ALIVE
POOR	GIVES
LORD	PROSPERITY
RESCUES	LAND
TROUBLE	ENEMIES
PROTECTS	

Psalm 42:1-2

```
L I V I N G D D W
P T T G L X P P R
A E S H R E T A W
N E D M I W D X M
T M Y R A R H O V
S L E L B E S E G
G E U L B D R T N
D O N Y V D J T S
S M V J Y P J G S
```

As the <u>deer</u> <u>pants</u> for <u>streams</u> of <u>water</u>,
so my <u>soul</u> pants for you, my <u>God</u>.
My soul <u>thirsts</u> for God, for the
   <u>living</u> God.
<u>When</u> can I go and <u>meet</u> with God?

DEER	GOD
PANTS	THIRSTS
STREAMS	LIVING
WATER	WHEN
SOUL	MEET

Psalm 43:3-4

```
Q L G E R A C X N X
D M U A P B R I N G
P E T F D D A E L Q
R L L N H T E R Y L
A H E I N T L W D D
I S O U G I I W T Q
S J O L G H E A G G
E M O H Y L T O F P
Q M T Y L M D M N J
```

Send me your _light_ and your
  faithful _care_,
let them _lead_ me;
let them _bring_ me to your _holy_ _mountain_,
_to_ the place where you _dwell_.
Then I will go to the _altar_ of _God_,
_to_ God, my _joy_ and my _delight_.
_I_ will _praise_ you with the _lyre_,
_O_ God, my God.

SEND	DWELL
LIGHT	ALTAR
FAITHFUL	GOD
CARE	JOY
LEAD	DELIGHT
BRING	PRAISE
HOLY	LYRE
MOUNTAIN	

Psalm 44:6-8

```
C O N T I N U A L L Y
T F N S E M A H S D T
H H O Y W D W G Y W N
A H A R L O B P B D W
T M A N E G R O V T N
E S W L K V A D S M G
E O E E E S E U N X R
B M V O T S R R Y P L
W A A E F T M N Q G Y
S X D N Z R M D P Y M
```

For not in my <u>bow</u> do I <u>trust</u>,
nor can my <u>sword</u> <u>save</u> me.
But you have saved us from our <u>foes</u>
and have put to <u>shame</u> those who
  <u>hate</u> us.
In <u>God</u> we have <u>boasted</u> <u>continually</u>,
and we will give <u>thanks</u> to your <u>name</u>
  <u>forever</u>. <u>Selah</u>

BOW	GOD
TRUST	BOASTED
SWORD	CONTINUALLY
SAVE	THANKS
FOES	NAME
SHAME	FOREVER
HATE	SELAH

Psalm 45:6-7a

```
R E T P E C S R R N R
F G N T T H G I R P U
D O N O R L G V K W K
E D R U R H J I N K L
K D O E T H N T D T Y
C Y E E V G T E D L M
I N O V D E T D G B Q
W U X O O A R R Q Q X
S T M V H L R N R R B
```

Your throne, O God, is forever and ever.
The scepter of your kingdom is a scepter
*   of uprightness;*
you have loved righteousness and hated
*   wickedness.*

YOUR	UPRIGHT
THRONE	LOVED
GOD	RIGHTEOUS
FOREVER	HATED
SCEPTER	WICKED
KINGDOM	

Psalm 46:1-3

```
M F A L L X V T D B V
S O G N I G R U S R S
T R U Q P O E E L N D
R O X N U R G A I Y S
E A L B T U E A R R B
N R L R F A T S E T E
G E Y E F N I T E K H
T M R E U X A N A N Y
H B A O M W G U S Z T
P R M O P X Q P L E H
L R W D F M L B J D L
```

God is our _refuge_ and _strength_,
an ever-_present_ _help_ in _trouble_.
Therefore we will not _fear_, though
   the _earth_ give way
and the _mountains_ _fall_ into the heart
   of the sea,
though its _waters_ _roar_ and _foam_
and the _mountains_ _quake_ with their
   surging.

REFUGE	FALL
STRENGTH	WATERS
PRESENT	ROAR
HELP	FOAM
TROUBLE	MOUNTAINS
FEAR	QUAKE
EARTH	SURGING
MOUNTAINS	

Psalm 46:10-11

```
A D W R L G D N M N B P
L F Q O N O A O T Y R J
M Z O O N T R J G Z Q D
I S M R I K L D M L T L
G A T O T E X A L T E D
H W N I H R J Z Q L P T
T S I T L A E X V K Q G
Y Q R T C L K S V N D N
W A R O H N G M S R W Z
E M B N D W W L Y B R R
```

He says, "Be _still_, and _know_ that
   I am _God_;
will be _exalted_ _among_ the _nations_,
will be exalted in the _earth_."
The _Lord_ _Almighty_ is _with_ us;
he God of _Jacob_ is our _fortress_.

STILL	EARTH
KNOW	LORD
GOD	ALMIGHTY
EXALTED	WITH
AMONG	JACOB
NATIONS	FORTRESS

Psalm 47:1-2

```
S H M M J L Y R D G
N A A O R E V O N B
O W G N S T G I J B
I E R Y D T K B B Y
T S E V D S L G Q Q
A O A S H O U T S E
N M T I P C B E A D
T E G N L N I R R N
P H X A R R T O L G
M W P X C H L Y R Q
```

Clap your _hands_, all you _nations_;
shout to _God_ with _cries_ of _joy_.
For the _Lord_ _Most_ _High_ is _awesome_,
the _great_ _King_ _over_ all the _earth_.

CLAP	MOST
HANDS	HIGH
NATIONS	AWESOME
SHOUT	GREAT
GOD	KING
CRIES	OVER
JOY	EARTH
LORD	

Psalm 48:9-10

```
E H E J D G Z T U J K Y
D T M J O R J N L B S X
E R A D N H F P X E Q D
S A N T A A I I V R N G
I E R N I H E R L V W M
A Y D L S D E L T L Y Q
R G I R S S E H P R E J
P N O E E T G M O M S D
G W P D V I R T M D E N
K T Y M R O C O N R Z T
P J K T K I L E N N N J
Y P X J V R L M B G X M
```

O _God_, we _meditate_ on your
   unfailing _love_
as we _worship_ in your _Temple_.
As your _name_ _deserves_, O God,
you will be _praised_ to the _ends_
   of the _earth_.
Your _strong_ _right_ _hand_ is _filled_
   with _victory_.

GOD	PRAISED
MEDITATE	ENDS
UNFAILING	EARTH
LOVE	STRONG
WORSHIP	RIGHT
TEMPLE	HAND
NAME	FILLED
DESERVES	VICTORY

Psalm 50:1-2

```
S S R N G R R L G L M
U T W B N I Y Z O O B
M E D J S T Y D Y R D
M S B I H W G G R Y D
O R N G P S P E A K S
N G I H H E Y Z S Y K
S M H I T T R V I U L
T Y N T U R D F L O N
L E R A R K A Y E P N
S M E B R O Q E X C W
X B Z B Z Z F N G Q T
```

The *Mighty* One, *God*, the *Lord*,
speaks and *summons* the *earth*
from the *rising* of the *sun* to where
    it *sets*.
From *Zion*, *perfect* in *beauty*,
God *shines* *forth*.

MIGHTY	SUN
GOD	SETS
LORD	ZION
SPEAKS	PERFECT
SUMMONS	BEAUTY
EARTH	SHINES
RISING	FORTH

Psalm 51:1-2

```
T N Q Y D Z L T B X N V T J
G R T Y Y D Q V M X S N A L
G B A Y C R E M B T M B O M
Z G D N P L N R E R U V B Y
C P R N S P Y A V N E X T R
L Y R D G G D M D W A S H P
E D T V Y F R A G Y K D X R
A G P I A X N E D O G Q S D
N P M S U T X Y S G L I M V
S L T N M Q C L Y S N L Q L
E T Z D K R I W D Y I X Q V
W O J D E L G N M R X O R Q
D L B M D T M L I W Z L N J
P B P J W B Z M L Y P B D S
```

ave _mercy_ on me, O _God_,
ccording to your _steadfast_ _love_;
ccording to your _abundant_ _mercy_
lot out my _transgressions_.
ash me thoroughly from
  my _iniquity_,
nd _cleanse_ me from my _sin_.

MERCY	BLOT
GOD	TRANSGRESSIONS
STEADFAST	WASH
LOVE	INIQUITY
ABUNDANT	CLEANSE
MERCY	SIN

Psalm 51:10-12

```
E C N E S E R P S X
R E S T O R E P N Y
S G G L B C I O O H
U O T N L R I J E R
S D X E I T T A M C
T R A T A L R S R X
A N I V H T L E A W
I L L G J O A I E C
N A P X H T L N W P
S T P N E T G Y L W
```

Create in me a clean heart, O God,
and put a new and right spirit within me.
Do not cast me away from your
*   presence,*
and do not take your holy spirit from me.
Restore to me the joy of your salvation,
and sustain in me a willing spirit.

CREATE   PRESENCE
CLEAN   HOLY
HEART   RESTORE
GOD   JOY
NEW   SALVATION
RIGHT   SUSTAIN
SPIRIT   WILLING
CAST

Psalm 52:8-9

```
M N G O D N X N W L D R G
I A X T L R D J U O S W B
A M W J R T V F O T G D P
L E T T D E H G E N K R G
C X J Y Z T E A B B E R N
O T Q J I Q D Y J S E P R
R G N A Y F B F E E J V Y
P T F Q A T O N N M L T D
E J S S B R C E T N H T O
N W T U E E Q P S A Y L G
O Z P V R L N L N U I V W
D R E J R T M K G V O Y R
Y R Q Y T B X Q E T X H M
```

ut I am like a <u>green</u> <u>olive</u> <u>tree</u>
the <u>house</u> of <u>God</u>.
rust in the <u>steadfast</u> love of God
rever and ever.
will <u>thank</u> you forever,
ecause of what you have <u>done</u>.
the <u>presence</u> of the <u>faithful</u>
will <u>proclaim</u> your <u>name</u>, for it is <u>good</u>.

GREEN	THANK
OLIVE	DONE
TREE	PRESENCE
HOUSE	FAITHFUL
GOD	PROCLAIM
TRUST	NAME
STEADFAST	GOOD
FOREVER	

Psalm 53:6

```
E C N A R E V I L E D
D B M F L E A R S I E
R E S T O R E S N L G
Z C K G G R M D P O Y
I I M N L P T O D C J
O O B R R A E U O V J
N J W O R P D M N L Y
K E D R C R E W T E M
Z R D R M A Y L Y T S
Y D Y M Y J J Y K D T
```

O that <u>deliverance</u> for <u>Israel</u> would <u>come</u>
from <u>Zion</u>!
When <u>God</u> <u>restores</u> the <u>fortunes</u> of
his <u>people</u>,
<u>Jacob</u> will <u>rejoice</u>; <u>Israel</u> will be <u>glad</u>.

DELIVERANCE   FORTUNES
ISRAEL   PEOPLE
COME   JACOB
ZION   REJOICE
GOD   GLAD
RESTORES

Psalm 54:1-2

```
V T S E V I G D M
R I H D P T O L D
E Q N G R G N N J
Y B Y D I O A P Y
A H G T I M W O R
R S T R E C U G N
P N A U L R A P J
Z E J V O Y B T D
H N R G E M B Z E
```

ave me, O <u>God</u>, by your <u>name</u>,
nd <u>vindicate</u> me by <u>your</u> <u>might</u>.
ear my <u>prayer</u>, O God;
ive ear to the <u>words</u> of my <u>mouth</u>.

SAVE	HEAR
GOD	PRAYER
NAME	GIVE
VINDICATE	WORDS
YOUR	MOUTH
MIGHT	

Psalm 55:22

```
Y J T T T D Y J K R J G
O Z M B R J T N I Q N P
U X S O L N J G N Y W N
R D L H M G H N N M G P
U P O N A T W E Q R Z R
Z N Y T E K D T E G Y T
Q N I O K R E V Z R X N
R K U A U N E N A P X T
B S L B T N D L T S A C
B Q L M Y S L M L T T D
M B I B Z O U L Y B J Z
T B W R W T L S J W Q K
```

Cast your burden upon the Lord and He will sustain you;
He will never allow the righteous to be shaken.

CAST	SUSTAIN
YOUR	NEVER
BURDEN	ALLOW
UPON	RIGHTEOUS
LORD	SHAKEN
WILL	

Psalm 56:3-4

```
A F R A I D P D
N E L T E G M Q
E M S R R O O Y
H E E I R U X D
W M S T A D S P
Y P A O R R U T
M L L O H T P R
S G W V M W N T
```

When I am _afraid_, I _put_ my _trust_ in you.
In _God_, _whose word_ I _praise_—
in God I trust and am not afraid.
What can _mere mortals_ do to me?

WHEN	WHOSE
AFRAID	WORD
PUT	PRAISE
TRUST	MERE
GOD	MORTALS

Psalm 56:12-13

```
P H T A E D M N S D
R L I F E K T G E S
E I B D N E N R T Y
S G D A R I E U P W
E H H O R V M S J U
N T F E I B W G N Q
T E F L L O T D O K
B F E I V N E E L D
O D N R Z R N A E N
N G Q J V N W R G F
```

I am <u>under</u> <u>vows</u> to you, my <u>God</u>;
I will <u>present</u> my <u>thank</u> <u>offerings</u> to you.
For you have <u>delivered</u> me from <u>death</u>
and my <u>feet</u> from <u>stumbling</u>,
that I may <u>walk</u> <u>before</u> God
in the <u>light</u> of <u>life</u>.

UNDER	DEATH
VOWS	FEET
GOD	STUMBLING
PRESENT	WALK
THANK	BEFORE
OFFERINGS	LIGHT
DELIVERED	LIFE

Psalm 57:9-10

```
A V H R E A C H E S N S
M B B E Y S P M P J S K
O Z U G A R N E X E J S
N R G N A V O O N M D D
G P K I F P E L I U J R
J T S L L A U N O T D T
L E O E G F I L S R A L
S R K N H T C L K G O N
D L I T H V Q N I V R X
J S I G J R A R E N N Z
Q A I T N H W N Q M G T
F H B L T X J L B B B K
```

will thank you, Lord, among all
  the people.
will sing your praises among
  the nations.
or your unfailing love is as high as the
heavens.
our faithfulness reaches to the clouds.

THANK	UNFAILING
LORD	LOVE
AMONG	HIGH
PEOPLE	HEAVENS
SING	FAITHFULNESS
PRAISES	REACHES
NATIONS	CLOUDS

Psalm 59:16-17

```
S F D P Y J T J M L N D
T Z O K R I L O Y L E R
R R G R M A R J T R R L
E E O E T N I T J X K D
N G S U I R Q S Y O U R
G U Z N B G E L E L P G
T F G K N L O S K V N N
H E M I Q V E B S D Z Z
J R S D E L Q D B J L M
```

But I will <u>sing</u> of <u>your</u> <u>strength</u>,
in the <u>morning</u> I will sing of your <u>love</u>;
for you are my <u>fortress</u>,
my <u>refuge</u> in <u>times</u> of <u>trouble</u>.
You are my strength, I sing <u>praise</u> to you;
you, <u>God</u>, are my fortress,
my God on whom I can <u>rely</u>.

SING	REFUGE
YOUR	TIMES
STRENGTH	TROUBLE
MORNING	PRAISE
LOVE	GOD
FORTRESS	RELY

Psalm 61:2-3

```
H F A I N T O W E R
R I T G V Q E O H K
E D G J N N F E K L
F T Y H D O A B M Z
U E B S E R R G T R
G L A L T R M T Q W
E M E R L L A C S N
K A V T T R O C K N
D D L G B H N P T P
```

rom the _ends_ of the _earth_ I _call_ to you,
call as my _heart_ grows _faint_;
_ad_ me to the _rock_ that is _higher_ than I.
or you have been my _refuge_,
strong _tower_ against the _foe_.

ENDS	ROCK
EARTH	HIGHER
CALL	REFUGE
HEART	STRONG
FAINT	TOWER
LEAD	FOE

Psalm 61:4-5

```
J M G Q X D R A E H X H W
R X J W D Y R T M T E X L
D W E L L E Q Y A R G V J
L N K X V W R E I K Y O Z
K Y R E Y I N T G S E R D
L G R R G N A B W U E R F
P O N Y T G P O M T F E V
F N Z O E S V R L N A E N
M V Z J L J T E J R A J R
Q J N R B E H L T L V M P
L R D Q N S M M Q T J M E
V N M T D R B D T R J T X
```

I *long* to *dwell* in your *tent* *forever*
and *take* *refuge* in the *shelter* of
   your *wings*.
For you, *God*, have *heard* my *vows*;
you have given me the *heritage* of those
   who *fear* your *name*.

LONG	WINGS
DWELL	GOD
TENT	HEARD
FOREVER	VOWS
TAKE	HERITAGE
REFUGE	FEAR
SHELTER	NAME

Psalm 62:1-2

```
N S A N L R L Y S
O S L J E J O I Y
I E O N R K L C C
T R N Q E E A O K
A T E W N V M H G
V R Y C A E E O S
L O E T S I D R B
A F L U O S T Y X
S B M V M L Y S N
```

or God alone my soul waits in silence;
om him comes my salvation.
e alone is my rock and my salvation,
y fortress; I shall never be shaken.

GOD	SALVATION
ALONE	ROCK
SOUL	FORTRESS
WAITS	NEVER
SILENCE	SHAKEN
COMES	

Psalm 63:1

```
G R K D Y V M T K
X O E R T S D S P
F W D T O Y T M R
A E H U A S Z N T
I A L S R W N G G
N R S I E R E H W
T Y H E X L A N D
S T X Y E N F Y N
N B N M Y K M T P
```

O _God_, you are my God, I _seek_ you,
my _soul_ _thirsts_ for you;
my _flesh_ _faints_ for you,
as in a _dry_ and _weary_ _land_ _where_ there
  is no _water_.

GOD	DRY
SEEK	WEARY
SOUL	LAND
THIRSTS	WHERE
FLESH	WATER
FAINTS	

Psalm 63:3-4

```
T L O N G Y N Y P
S L D S S E L B S
A P O P P T Z D L
F R R V F G N L S
D A E I E A A P N
A I L T H C I A V
E S G I T L M M R
T E P M F E T N K
S N L J M E B R L
```

because your <u>steadfast</u> <u>love</u> is <u>better</u>
than <u>life</u>,
y <u>lips</u> will <u>praise</u> you.
o I will <u>bless</u> you as <u>long</u> as I live;
will <u>lift</u> up my <u>hands</u> and <u>call</u> on
your <u>name</u>.

STEADFAST	BLESS
LOVE	LONG
BETTER	LIFT
LIFE	HANDS
LIPS	CALL
PRAISE	NAME

Psalm 65:4

```
E S U O H R R T V T T R
D M M D P L B Y R B S B
S A T I S F I E D T Y Z
G O O D N E S S R G D P
B Y N Y V N J U V Y Y X
G E P E W N O X N Y C H
N L L P A C L B X H O B
I I N P A R B Y O L L Q
R V B N M H D O Y W N Y
B E X D N E S D R R B L
Z K Z Z Z E T R K B R N
```

Happy are those whom you *choose* and
 bring *near*
to *live* in your *courts*.
We shall be *satisfied* with the *goodness*
 of your *house*,
your *holy* *temple*.

HAPPY
CHOOSE
BRING
NEAR
LIVE
COURTS

SATISFIED
GOODNESS
HOUSE
HOLY
TEMPLE

Psalm 65:5

```
M S F A R T H E S T E
Y N A R E W S N A C E
G O D L X J L R N N L
E N S G V N M A D M Q
W M L E T A R S H B B
H L O X A E T O K Y X
X T J S V S P I G P R
Y P R I E E D W O P Y
K D L A L W X E M N Y
R E T N E N A R E B R
D Q D L R N W N M D L
```

y awesome deeds you answer us
  with deliverance,
 God of our salvation;
ou are the hope of all the ends of the
  earth
nd of the farthest seas.

AWESOME	HOPE
DEEDS	ENDS
ANSWER	EARTH
DELIVERANCE	FARTHEST
GOD	SEAS
SALVATION	

Psalm 66:3-4

```
B X S D E E D T D S L Y
R P W M G L R N P B R R
M L T T J G C I A E L P
Y D Q R Y R H R W M E T
Q T T W L S Q O I M E S
M Z M Y R T P S O N E M
X N Q O A B E S E S G L
H J W E K L E M I G P E
V T R W A W I A S I N G
R G R H A E R G Y T Q Y
V L K A S P R L O J B V
L G R G E B Q Y R D M B
```

Say to <u>God</u>, "How <u>awesome</u> are
   your <u>deeds</u>!
Because of your <u>great</u> <u>power</u>, your
   <u>enemies</u> <u>cringe</u> before you.
All the <u>earth</u> <u>worships</u> you;
they <u>sing</u> <u>praises</u> to you,
sing praises to your <u>name</u>."   <u>Selah</u>

GOD

AWESOME

DEEDS

GREAT

POWER

ENEMIES

CRINGE

EARTH

WORSHIPS

SING

PRAISES

NAME

SELAH

Psalm 67:1-3

```
G G M K M T E D L W P J
R S N A X A E S I A R P
A S K I R K N J P T Q D
C E K T V O N E N I H S
I L H D I A O O D J G V
O B O T E P S Y W P B D
U G A C L Y M V A N D T
S N A E P O W E R W T W
M F S Y L Z L Z L L W M
```

May *God* be *gracious* to us and *bless* us
and *make* his *face* to *shine* upon us,
Selah
hat your *way* may be *known* upon *earth*,
our *saving* *power* among all *nations*.
et the *peoples* praise you, O God;
et all the peoples *praise* you.

GOD
GRACIOUS
BLESS
MAKE
FACE
SHINE
WAY

KNOWN
EARTH
SAVING
POWER
NATIONS
PEOPLES
PRAISE

Psalm 68:5-6a

```
P P R M H E L P J O Y Y L
D R Q E E O L L R Y Q L G
W S I R H A L E L S R B X
E W F S C T D Y E B R V J
L O T E O N A I R L X Y V
L D S D E N L F O T M M M
I I Y F S I E N G I V E S
N W E T M G E R L J M G M
G D E A O L B M S V L B Z
M S F D Y Q Z J M Y R K P
```

Father to the fatherless, defender of widows—
this is God, whose dwelling is holy.
God places the lonely in families;
he sets the prisoners free and gives them joy.

FATHER	LONELY
DEFENDER	FAMILIES
WIDOWS	SETS
GOD	PRISONERS
DWELLING	FREE
HOLY	GIVES
PLACES	JOY

Psalm 68:19-20

```
S S D J M Z J D E A T H
B O N Q L J Z V D Y Q Q
S E V E R O I V A S L Z
E E A E D E S C A P E D
V S M R R R D L D M R W
A D I O S E U A T X D J
S R G A C B I B N G T J
P O N T R L Z G L R R Z
D L M M Y P R K N Y R R
```

raise be to the <u>Lord</u>, to <u>God</u> our <u>Savior</u>,
ho <u>daily</u> <u>bears</u> our <u>burdens</u>.
ur God is a God who <u>saves</u>;
om the <u>Sovereign</u> Lord <u>comes</u> escape
from <u>death</u>.

PRAISE	BURDENS
LORD	SAVES
GOD	SOVEREIGN
SAVIOR	COMES
DAILY	ESCAPE
BEARS	DEATH

Psalm 69:14-15a

```
F H L D D K N I S D
L A W A T E R S W L
U T K Z U N P O L Q
G E J C Q D L T D K
N D S T P L O E H J
E E T Z A E L O M S
R R Y W Q I E I L D
M L S B V D R D L F
B N J E W E K T Q J
B L R P T N G L V B
```

Rescue me from the mire,
do not let me sink;
deliver me from those who hate me,
from the deep waters.
Do not let the floodwaters engulf me
or the depths swallow me up.

RESCUE	WATERS
MIRE	FLOOD
SINK	ENGULF
DELIVER	DEPTHS
HATE	SWALLOW
DEEP	

Psalm 69:32-33

```
D E S P I S E D B
P Z V T E V I L L
E V V E R S K C V
O N S S E A A N D
P D E E R P E R R
L A K E T A O H Y
E L D I D L E O R
W G V O J Y Q H R
Y E B B G Z D W Y
```

The poor will see and be glad—
You who seek God, may your hearts live!
The Lord hears the needy
And does not despise his captive people.

POOR	LORD
SEE	HEARS
GLAD	NEEDY
SEEK	DESPISE
GOD	CAPTIVE
HEARTS	PEOPLE
LIVE	

Psalm 70:1-2

```
N R E V I L E D D V
O J T G P T L I F E
I D O H S Z S M D L
S D E A G H M A K E
U S H N O I H Y S V
F H H N R E L E Y Q
N U O A L U E E M K
O R T P M K T L D B
C T Q L N E L T J Z
```

Make haste, O God, to deliver me!
O Lord, make haste to help me!
Let them be put to shame and confusion
who seek my life!
Let them be turned back and brought
  to dishonor
who delight in my hurt!

MAKE
HASTE
GOD
DELIVER
HELP
SHAME
CONFUSION

SEEK
LIFE
TURNED
DISHONOR
DELIGHT
HURT

Psalm 71:14-15

```
S A L V A T I O N J T R G
Y L L A U N I T N O C W P
K N O W L E D G E P Y N R
E X D J T L D J K B M N B
S U O E T H G I R H M J R
I R E B M U N S T E P O H
A M L Z N N D U P A D N Y
R Z O L Z E O A C L V P T
P V Z R E M S T J Y B M J
D T B D E T S R Z B D R Y
```

But I will <u>hope</u> <u>continually</u>
and will <u>praise</u> you yet <u>more</u> and more.
My <u>mouth</u> will <u>tell</u> of your <u>righteous</u> <u>acts</u>,
of your <u>deeds</u> of <u>salvation</u> all the day,
for their <u>number</u> is <u>past</u> my <u>knowledge</u>.

HOPE	ACTS
CONTINUALLY	DEEDS
PRAISE	SALVATION
MORE	NUMBER
MOUTH	PAST
TELL	KNOWLEDGE
RIGHTEOUS	

Psalm 71:17-18

```
G E N E R A T I O N D M
S J R E J T Y N T L G M
Y U W T P G O V O W N E
M O O T Y Y U H Z T K M
P D L R M Y T B A A T G
R T T T D I H C S I R J
L M L V A N A R O A R M
M I G H T U O L Y M G S
S D E E D F G W C O E R
J G G T Y R R H D O W W
A D X V V W R R T B R B
R D N L W D N J B Y K P
```

O <u>God</u>, from my <u>youth</u> you have
　<u>taught</u> me,
and I still <u>proclaim</u> your <u>wondrous</u> <u>deeds</u>.
So even to <u>old</u> <u>age</u> and <u>gray</u> <u>hairs</u>,
O God, do not <u>forsake</u> me,
until I proclaim your <u>might</u> to another
　<u>generation</u>,
your <u>power</u> to all those to <u>come</u>.

GOD	GRAY
YOUTH	HAIRS
TAUGHT	FORSAKE
PROCLAIM	MIGHT
WONDROUS	GENERATION
DEEDS	POWER
OLD	COME
AGE	

Psalm 73:23-25a

```
C A F T E R W A R D
D O E D I U G U D X
L A U J V L O G T R
O L K N O Y W A H J
H W W R S R K E Z L
A A Y H I E A Y T M
N Y N G O V L T M M
D S H L E M R J J M
Y T P N N V L P Y L
```

Yet I am _always_ with you;
you _hold_ me by my _right_ _hand_.
You _guide_ me with your _counsel_,
and _afterward_ you will _take_ me into _glory_.
Whom have I in _heaven_ but _you_?

ALWAYS	AFTERWARD
HOLD	TAKE
RIGHT	GLORY
HAND	WHOM
GUIDE	HEAVEN
COUNSEL	YOU

Psalm 73:25b–26

```
N B P D F T L S N
J O W O R L T Q Y
R Y T A R R E B Z
Y E E H E T E S D
E H V N I S I E H
M A G E I N S O L
D T R D R I G I N
H O E T R O A K N
J S G E H F F M T
```

And <u>earth</u> has <u>nothing</u> I <u>desire</u>
<u>besides</u> you.
My <u>flesh</u> and my <u>heart</u> may <u>fail</u>,
but <u>God</u> is the <u>strength</u> of my heart
and my <u>portion</u> <u>forever</u>.

EARTH	FAIL
NOTHING	GOD
DESIRE	STRENGTH
BESIDES	PORTION
FLESH	FOREVER
HEART	

Psalm 74:16-17

```
E R P J Q P F M P H S Z
S E Y T D I A T T E P T
T M P D X D T R I N M Y
A M S E E Y A R X Y T Z
B U D T H E A V E N L Y
L S S N H D K W T J N M
I Y Z U N G I R P P J Q
S Z O U N N I J B W W T
H Y O U T B P L T N H J
E B Y E R Y A D K G D M
D T R B Q S W M I R J N
Z L Q G M R N N Q T L R
```

Yours is the <u>day</u>, yours also the <u>night</u>;
you have <u>established</u> the <u>heavenly</u> <u>lights</u>
and the <u>sun</u>.
You have <u>fixed</u> all the <u>boundaries</u> of
the <u>earth</u>;
you have <u>made</u> <u>summer</u> and <u>winter</u>.

YOURS	FIXED
DAY	BOUNDARIES
NIGHT	EARTH
ESTABLISHED	MADE
HEAVENLY	SUMMER
LIGHTS	WINTER
SUN	

Psalm 77:13-15a

```
D E M E E D E R
S W O R K S B D
L R U K A Y E V
M O E M N L A Q
Y I O D P O H W
A N G O N O W D
G R E H L O O N
N P M Y T G W Q
```

Your <u>way</u>, O <u>God</u>, is <u>holy</u>.
What god is <u>great</u> like our God?
You are the God who <u>works</u> <u>wonders</u>;
you have made <u>known</u> your <u>might</u> <u>among</u>
  the peoples.
You with your <u>arm</u> <u>redeemed</u> your <u>people</u>.

YOUR	KNOWN
WAY	MIGHT
GOD	AMONG
HOLY	ARM
WORKS	REDEEMED
WONDERS	PEOPLE

Psalm 77:19-20

```
L Y T R W X L Q Y P L Q H
S T N I R P T O O F Y A N
S P H Q W Y F L T N N A R
R E N R U L G Q A D R N W
E O D O O N V J E D R R Y
T P X C R U S B R P X O A
A L K T L A G E G M U E M
W E G D R V A H E R S O N
H T A P Q X X G V N S P M
D N V W Y K Z M T E J N L
L Z D G K X M P S N J X D
```

Your way was through the sea,
your path through the great waters;
yet your footprints were unseen.
You led your people like a flock
by the hand of Moses and Aaron.

YOUR	FOOTPRINTS
WAY	UNSEEN
THROUGH	PEOPLE
SEA	FLOCK
PATH	HAND
GREAT	MOSES
WATERS	AARON

Psalm 78:4

```
G E N E R A T I O N
G R S G D R Z C D W
Y L T R N Q H L M J
S Q O H E I L L E T
R D I R L D M L D R
L D E D I I N O J Y
E O R E G O N O C L
L E R H D E U Q W L
N Q T D N R Z S M R
```

We will not <u>hide</u> them from their <u>children</u>,
but <u>tell</u> to the <u>coming</u> <u>generation</u>
the <u>glorious</u> <u>deeds</u> of the <u>Lord</u>, and
his <u>might</u>,
and the <u>wonders</u> that he has <u>done</u>.

HIDE
CHILDREN
TELL
COMING
GENERATION
GLORIOUS

DEEDS
LORD
MIGHT
WONDERS
DONE

Psalm 79:8b-9

```
M R N Y B R O U G H T A
N J E O L D Z N M L T M
E O N V I I D Y J O E D
M D I G I S D T N E D Y
O L O T L L S E T Q W N
C L L G A O E A E Y P X
L D E Q T V R D P P Y Z
Z D M S J L L Y D M S W
H W A N V J R A B M O X
R E N I M L G R S L T C
K L L S M T Q D M G D V
Z B M P G R Q R K M B L
```

et your <u>compassion</u> <u>come</u> <u>speedily</u> to
  <u>meet</u> us,
or we are <u>brought</u> very <u>low</u>.
Help us, O <u>God</u> of our <u>salvation</u>,
or the <u>glory</u> of your <u>name</u>;
Deliver us, and <u>atone</u> for our <u>sins</u>,
or your name's sake!

COMPASSION	GOD
COME	SALVATION
SPEEDILY	GLORY
MEET	NAME
BROUGHT	DELIVER
LOW	ATONE
HELP	SINS

Psalm 80:8-9

```
P T V Y W R D L S
L P I L Q G A N T
A Y N R R N O H C
N G E O D I G L F
T E U R T U E I D
E N O A O A L E T
D V N R R L E O B
E N B E E P O V T
D R D D R R M G T
```

You <u>brought</u> a <u>vine</u> out of <u>Egypt</u>;
you <u>drove</u> out the <u>nations</u> and <u>planted</u> it.
You <u>cleared</u> the <u>ground</u> for it;
it took <u>deep</u> <u>root</u> and <u>filled</u> the <u>land</u>.

BROUGHT	CLEARED
VINE	GROUND
EGYPT	DEEP
DROVE	ROOT
NATIONS	FILLED
PLANTED	LAND

Psalm 81:1-2

```
X L J B D D B G N I S X T
S R D U Q Z L L Y L T A T
W O O N S Q K T M Z M E P
J L U H J A C O B B S S Z
A D O N T Y J J O I W G S
Q U K Z D D Y U A E O T B
T E R Y L H R R E D R D Z
V Q M R O I A T M E G J Y
Q B D Y N J V R N G L Z D
N G L E Y Q G G P N N B Y
W G X V D N T K T O K Y B
N D J T B H N J Z S W Q X
```

ing aloud to God our strength;
hout for joy to the God of Jacob!
aise a song; sound the tambourine,
e sweet lyre with the harp.

SING	RAISE
ALOUD	SONG
GOD	SOUND
STRENGTH	TAMBOURINE
SHOUT	SWEET
JOY	LYRE
JACOB	HARP

Psalm 84:1-2

```
G S T S O H N J S E B X Z
N G Y G L V J M C G T X C
I Y N B N O B A T L N O R
L M L S Y I L N G Z U O K
L H Y E T P V L O R D O L
E S R T V N N I T M D B S
W E D Q S O I S L D G P G
D L M I D Q L A T R A E H
L F N O J L L M F D J Q Y
X G G B G L X G Y R T N Y
```

How <u>lovely</u> is your <u>dwelling</u> <u>place</u>,
O <u>Lord</u> of <u>hosts</u>!
My <u>soul</u> <u>longs</u>, yes, <u>faints</u>
for the <u>courts</u> of the Lord;
my <u>heart</u> and <u>flesh</u> <u>sing</u> for <u>joy</u>
to the living <u>God</u>.

LOVELY	COURTS
DWELLING	HEART
PLACE	FLESH
LORD	SING
HOSTS	JOY
SOUL	LIVING
LONGS	GOD
FAINTS	

Psalm 84:3

```
S G G Y N S J N J X
D N B N R E S T T X
N I T A U P S L A Y
I K T L A O S T D N
F L O R N T Y D B N
A R R E S H O M E B
D O V O R G J P Y T
W E H B D R G V Z L
```

ven the sparrow finds a home,
nd the swallow a nest for herself,
here she may lay her young,
t your altars, O Lord of hosts,
y King and my God.

EVEN	YOUNG
SPARROW	ALTARS
FINDS	LORD
HOME	HOSTS
NEST	KING
LAY	GOD

Psalm 84:10

```
B E T T E R B J M T J J Z
W Q K X L Q S P D L R B R
Y I Y W M T T B D Y D E Y
D A C Q N R N W K R P T T
L O D K A Y E T E E H M B
B N G T E L T L E O B N P
T Z H T D S K U G N X R
R E T L C E R S R V D T P
R W B Z W O A E N M G Z Y
L B Z H O N U Y S B R X J
D W E D D G M R K U B J W
M R M R K V P Y T Y O V J
E Q Y Y P R W Y J S J H Z
```

For a *day* in your *courts* is *better*
than a *thousand* *elsewhere*.
I would *rather* be a *doorkeeper* in the
   house of my *God*
than *dwell* in the *tents* of *wicked*ness.

DAY	DOORKEEPER
COURTS	HOUSE
BETTER	GOD
THOUSAND	DWELL
ELSEWHERE	TENTS
RATHER	WICKED

Psalm 84:11-12

```
B W F A V O R Y U Z D L
E N I B S D V P L B L R
S T T T O H R V L M N N
T Q R O H I I E L H M J
O R G U G H S E O R L R
W T O H S S O S L S Y Y
S H T N E T T L U D N B
D I G D O S S N D R O L
O N T P Y H K L A W M V
G G Q W Z M J N P J Z P
```

For the _Lord_ _God_ is a _sun_ and _shield_;
the Lord _bestows_ _favor_ and _honor_.
No _good_ _thing_ does he _withhold_
from those who _walk_ _upright_ly.
O Lord of _hosts_,
blessed is the one who _trusts_ in you!

LORD	THING
GOD	WITHHOLD
SUN	WALK
SHIELD	UPRIGHT
BESTOWS	HOSTS
FAVOR	BLESSED
HONOR	TRUSTS
GOOD	

Psalm 85:10-12

```
D R Y S S V E G S M E E T
F K I K G V N T Y I E L D
S A O G I N E R E D N A L
D O I G H A I S D E W T G
L N G T D T A R C X G D B
D T U F H E E A P E B Y Z
M O A O R F E O V S J Y Y
N S O C R P U O U K I S S
T V N G G G L L L S D N W
K I L L M B J R W P Z T X
```

*Steadfast love and faithfulness meet;
righteousness and peace kiss each other.
Faithfulness springs up from the ground,
and righteousness looks down from
   the sky.
Yes, the Lord will give what is good,
and our land will yield its increase.*

STEADFAST
LOVE
FAITHFUL
MEET
RIGHTEOUS
PEACE
KISS
SPRINGS

GROUND
LOOKS
SKY
GIVE
GOOD
LAND
YIELD
INCREASE

Psalm 86:1-2

```
D V T Y D E E N M E J V
Y E R N V Q R B N L J V
M G T A A R M I D N B D
V E S C E V L T L N X G
T W V X I C R O W Q G Z
R G W R N L R E Q M R N
U E O I E D F L S Y V M
S P W D P S T F S O U L
T G D S L Z E G A N V B
S K N T N Y R R J N L T
T K Y L L A P T P P J R
```

Incline Your ear, O Lord, and answer me;
or I am afflicted and needy.
reserve my soul, for I am a godly man;
O You my God, save Your servant who
trusts in You.

INCLINE	PRESERVE
EAR	SOUL
LORD	GODLY
ANSWER	SAVE
AFFLICTED	SERVANT
NEEDY	TRUSTS

Psalm 86:4-5

```
T G D T B L N A E J V
N N K A O L B V Q M M
A I L R L U I L I F T
V V D A N G J D S G Z
R O C D R R O O R K Q
E L A O M E U O N B N
S N F Y A L A O D T T
T G G L K M P D J W G
V D D G E U X R Y T J
```

Make <u>glad</u> the <u>soul</u> of Your <u>servant</u>,
For to You, O <u>Lord</u>, I <u>lift</u> up my soul.
For You, Lord, are <u>good</u>, and <u>ready</u> to
<u>forgive</u>,
And <u>abundant</u> in <u>loving</u>kindness to all
who <u>call</u> <u>upon</u> You.

MAKE	READY
GLAD	FORGIVE
SOUL	ABUNDANT
SERVANT	LOVING
LORD	CALL
LIFT	UPON
GOOD	

Psalm 86:9-10

```
D G L D M E M A N N W
N L L Y M N R Y J W T
A S P O Z M R O K G D
W O N D R O U S F K M
P G D O Z I D Z R E B
I R O T I E F E N T B
H E G R E T A Y M Q W
S A B D E L A L K O Y
R T M D O B D N O T C
O V A R M T P R K N X
W M D T W R B Y Q J E
```

ll nations whom You have made shall come and worship before You, O Lord, nd they shall glorify Your name. or You are great and do wondrous deeds; ou alone are God.

ALL	GLORIFY
NATIONS	NAME
MADE	GREAT
COME	WONDROUS
WORSHIP	DEEDS
BEFORE	ALONE
LORD	GOD

Psalm 86:11-12

```
T W L Q M Y B X D Q L J
P T T T R A L W E K M R
R D B M H W E G R V W Z
N E M W Y A N M K J I Z
D K V Y K F N D A D L G
T H Y E T X I K V N O D
J B E R R H Y R S T R G
V L U A C O U Z O O Y F
W T Z A R P F N L L E D
H A E R J T Y B I A G Z
N T L Q Z Y D Z R T L G
D Y T K D V J G P D E L
```

Teach me Your way, O Lord;
I will walk in Your truth;
Unite my heart to fear Your name.
I will give thanks to You, O Lord my God,
* with all my heart,*
And will glorify Your name forever.

TEACH	FEAR
WAY	NAME
LORD	GIVE
WALK	THANKS
TRUTH	GOD
UNITE	GLORIFY
HEART	FOREVER

Psalm 89:5-6

```
E L B A R A P M O C
F Y M I G H T Y S K
A S L S R E D N O W
I K P B B D E R Y X
T I S R M V R N J B
H E Q O A E H O L Y
F S K E N I S X L T
U J H R P S S S B Q
L K P G P M L E A J
```

The *heavens* will *praise* Your *wonders*,
O *Lord*;
our *faithfulness* also in the *assembly*
of the *holy* ones.
or who in the *skies* is *comparable* to
the Lord?
Who among the *sons* of the *mighty* is
like the Lord?

HEAVENS	HOLY
PRAISE	SKIES
WONDERS	COMPARABLE
LORD	SONS
FAITHFUL	MIGHTY
ASSEMBLY	

Psalm 89:11-12

```
S N E V A E H N B T L P
Y H E R M O N R O B A T
W F H K A J L T Q N Y C
W O Z T O L U N N L O L
X U E Y U O L Y A N D S
B N A C H O T W T M R B
X D R S R Q S A O U E B
Y E T J Z E I Y O R H J
W D H J M N A Y R T L N
X T B Y S D B T R D R D
Y D M B V Z R O E Y T Y
B T J T M N N B Q D Q D
```

The <u>heavens</u> are <u>Yours</u>, the <u>earth</u> also
is Yours;
The <u>world</u> and <u>all</u> it <u>contains</u>, You have
<u>founded</u> them.
The <u>north</u> and the <u>south</u>, You have
<u>created</u> them;
<u>Tabor</u> and <u>Hermon</u> <u>shout</u> for <u>joy</u> at
Your <u>name</u>.

HEAVENS
YOURS
EARTH
WORLD
ALL
CONTAINS
FOUNDED
NORTH

SOUTH
CREATED
TABOR
HERMON
SHOUT
JOY
NAME

Psalm 89:13-14

```
N O I T A D N U O F J R
E W S Y M T R E Y X L T
X E N T H Y C Y M M B J
A V N G R I Y I M B B L
L M I O T O G N I V O L
T R H S R H N Q B X M K
E A U A T H R G Y D K M
D J X Y N Z T R U T H Q
W X R Q Z D Z X D Q Z T
```

You have a <u>strong</u> <u>arm</u>;
Your <u>hand</u> is <u>mighty</u>, Your <u>right</u> hand
 is <u>exalted</u>.
Righteousness and <u>justice</u> are the
 <u>foundation</u> of Your <u>throne</u>;
lovingkindness and <u>truth</u> go before You.

STRONG	JUSTICE
ARM	FOUNDATION
HAND	THRONE
MIGHTY	LOVING
RIGHT	TRUTH
EXALTED	

Psalm 90:1-2

```
G Q B Y Q B V R Z X Y Z
D E V E R L A S T I N G
Q R N M O U N T A I N S
D J O E H T R I B E N D
B W T L R B L T A R J L
E O E L D A N R O B X D
F R L L P Z T B J Y Y N
O L D L L H V I P N Y P
R D A O J I W G O Y J Y
E C N Q G N N Y G N B D
E R R Z M L N G B Y S N
```

Lord, You have been our dwelling place
   in all generations.
Before the mountains were born
Or You gave birth to the earth and
   the world,
Even from everlasting to everlasting,
   You are God.

LORD	BORN
DWELLING	BIRTH
PLACE	EARTH
GENERATIONS	WORLD
BEFORE	EVERLASTING
MOUNTAINS	GOD

Psalm 91:1-2

```
R J R S L L E W D M P L R
E N Z T T J B P Y Z M J D
T P N T Y L X S H A D O W
L F V B M L J D T T J M E
E Y O N N D B R R T G G E
H D T R D Y Q D S L U D D
S W T H T W R O X F I W R
T Z N I G R M T E B N N L
M S N G Y I E R A Y Q O G
D T U H T T M S Z D R Z Z
J G L R B G T L S D D W L
W K D J T N M R A O V V R
N B W G D Y N G G T J P Y
```

He who _dwells_ in the _shelter_ of the
   Most _High_
Will _abide_ in the _shadow_ of the _Almighty_.
I will say to the _Lord_, "My _refuge_ and
   my _fortress_,
My _God_, in whom I _trust_!"

DWELLS	ALMIGHTY
SHELTER	LORD
MOST	REFUGE
HIGH	FORTRESS
ABIDE	GOD
SHADOW	TRUST

Psalm 91:11-12

```
R J C O N C E R N I N G
D L N S H S V K D M M V
N T Y A L K T R I K T S
J A R E D R A U G R T X
W G G S E P F P O T Q
E N G D B V O L N J R S
A K N N L O I E T B V X
G Z D A T L B G B Q T J
K T B H L B A V B D T J
```

For He will <u>give</u> His <u>angels</u> <u>charge</u>
   <u>concerning</u> you,
To <u>guard</u> you in <u>all</u> your <u>ways</u>.
They will <u>bear</u> you up in their <u>hands</u>,
That you do not <u>strike</u> your <u>foot</u> against
   a <u>stone</u>.

GIVE	WAYS
ANGELS	BEAR
CHARGE	HANDS
CONCERNING	STRIKE
GUARD	FOOT
ALL	STONE

Psalm 92:1-2

```
G L P B G K D P J Q T F
D N Y R M N T T T W A P
E J I T A H I M N I J Z
P V Z L A I I N T L D L
G M E N I A S H R N L H
I O K N L A F E L O I M
V S Y C I U F O S G M P
E T O D L N R N H Z L R
E R R N O D G W U G R T
P V E M D O M X N Z D G
Y S O Z V Z G I Y M R X
S Z V L K M S J N W R Y
```

is good to give thanks to the Lord,
sing praises to the Most High.
is good to proclaim your unfailing love
  in the morning,
our faithfulness in the evening.

GOOD	HIGH
GIVE	PROCLAIM
THANKS	UNFAILING
LORD	LOVE
SING	MORNING
PRAISES	FAITHFULNESS
MOST	EVENING

Psalm 92:4-5

```
T B D Y B S P E E D
R H O R K B S V P R
L J O R O U N G J T
L D O U A L R Y X N
I W M C G E X E N N
R M E N A H N A L L
H B I T Y O T Z P D
T S D K D B P S Y V
```

*You <u>thrill</u> me, <u>Lord</u>, with <u>all</u> you have
<u>done</u> for me!
I <u>sing</u> for <u>joy</u> <u>because</u> of what you
have done.
O Lord, what <u>great</u> <u>works</u> you do!
And how <u>deep</u> are your <u>thoughts</u>.*

THRILL	BECAUSE
LORD	GREAT
ALL	WORKS
DONE	DEEP
SING	THOUGHTS
JOY	

Psalm 93:1

```
H G Y V D T B V B
D T N T T N N X W
E N G I S Z A O Q
E E R N K E R T D
D K O A E L J K S
N A B R D R O A M
I H E M J N T R M
J S D E B P I S D
W D P D Y F D Q K
```

The Lord is king! He is robed in majesty. Indeed, the Lord is robed in majesty and armed with strength. The world stands firm and cannot be shaken.

LORD
KING
ROBED
MAJESTY
INDEED
ARMED

STRENGTH
WORLD
STAND
FIRM
SHAKEN

Psalm 94:14-15

```
S B N E W L W L Y N P
U F D G E K A S R O F
O O M A N M T U G T L
E L L T J O T R H L E
T L D I P E D G A C R
H O L R R E I N I E L
G W R E B R O T A O H
I R R H P Q S P R B V
R T D U W U D D L T A
T D X N J B G N L E W
```

For the <u>Lord</u> will not <u>forsake</u> his <u>people</u>;
he will not <u>abandon</u> his <u>heritage</u>;
for <u>justice</u> will <u>return</u> to the <u>righteous</u>,
and <u>all</u> the <u>upright</u> in <u>heart</u> will <u>follow</u> it.

LORD	RETURN
FORSAKE	RIGHTEOUS
PEOPLE	ALL
ABANDON	UPRIGHT
HERITAGE	HEART
JUSTICE	FOLLOW

Psalm 94:18-19

```
S R R L G S O U L D K V T
W N S L I P P I N G R O E
J M O N T J N Z Q E O V V
T R L I R M Q N E F O X R
R S M G T N D H Y L X T N
L L A N H A C B N M V Q P
C L R F Z E L D A Q Q B J
A M P G D M A O M H L D L
R Q T N N A Y R S Z E O R
E M V W N R E T T N R L D
S G T T J M X T G D O X D
R X D G B L N W S L R C L
```

When I thought, "My _foot_ is _slipping_,"
our _steadfast_ love, O _Lord_, _held_
  me up.
When the _cares_ of my _heart_ are _many_,
our _consolations_ _cheer_ my _soul_.

FOOT
SLIPPING
STEADFAST
LOVE
LORD
HELD

CARES
HEART
MANY
CONSOLATIONS
CHEER
SOUL

Psalm 95:4-5

```
S T H G I E H Y R D P
M O U N T A I N S D Z
S H T P E D E A R T H
J D X L Y E N Q D B V
P Q A M D M N A G B G
D N K A Q R T P H A W
D V Q D L O B G E T Y
M M Z E T F B S W T M
```

In his <u>hand</u> are the <u>depths</u> of the <u>earth</u>;
the <u>heights</u> of the <u>mountains</u> are his also.
The <u>sea</u> is his, for he <u>made</u> it,
and the <u>dry</u> <u>land</u>, which his hands
 have <u>formed</u>.

HAND	SEA
DEPTHS	MADE
EARTH	DRY
HEIGHTS	LAND
MOUNTAINS	FORMED

Psalm 95:6-7

```
M D R J W G G R J Y B D
L R M P B L T Z D Y K L
M O L P M P Z N P L K V
E L P O E P A E C Z T B
Q W W L B H E S K O E P
Q O M O J H Y N T F M M
B R W Z S R E D O U A E
T S N V Z E Z R P K R J
D H L W L N E M E Z D E
R I J D O G G R Y R P Q
B P G G V D P B T D T T
```

O come, let us _worship_ and _bow_ _down_,
et us _kneel_ before the _Lord_, our _Maker_!
or he is our _God_,
nd we are the _people_ of his _pasture_,
nd the _sheep_ of his _hand_.

COME
WORSHIP
BOW
DOWN
KNEEL
BEFORE
LORD

MAKER
GOD
PEOPLE
PASTURE
SHEEP
HAND

Psalm 96:2-3

```
N S N O I T A N M B
O P E D E C L A R E
I S Y L D T R N L P
T M S R P V E L L Z
A Y O E E O W L S Y
V L R L L O E I L V
L Y O O R B N P Y K
A U A K L G N A M E
S D S D V G B T L J
```

*Sing to the Lord, bless his name;
tell of his salvation from day to day.
Declare his glory among the nations,
his marvelous works among all the peoples.*

SING
LORD
BLESS
NAME
TELL
SALVATION
DAY

DECLARE
GLORY
NATIONS
MARVELOUS
WORKS
PEOPLES

Psalm 96:8-9

```
N O F F E R I N G D E Y A
A V Z B E L Y N D L Y S J
M J X A O L J J B S C G T
E V R R O Y P M P R J C D
G T D H Z I E L I B O J Y
H L N S H R E B G M J Q B
P Z O S T N E M E N R N V
Y N R R D R L G Y L I Q D
M O Y O Y Z U N B L M R G
W R R V Z Q N O N N Y M B
X T Y R K V P Y C T Y K G
```

Ascribe to the _Lord_ the _glory_ due
    his _name;_
bring an _offering,_ and _come_ into
    his _courts._
Worship the Lord in _holy_ splendor;
tremble before him, all the _earth._

ASCRIBE   COURTS
LORD   WORSHIP
GLORY   HOLY
NAME   SPLENDOR
BRING   TREMBLE
OFFERING   EARTH
COME

Psalm 96:10

```
S F R E V E N L T L D W D
N I M X Q G O T E J D J D
O R L Q B R B G R E X E P
I M T K D R D D V Y H V R
T L Q X B U X O W S G L M
A Y V J J M M B I N D L W
N Y P J Q T Q L O M W K T
R T D E L J B M G Q D T M
B I Y T O A A N Y L N D T
R U Z A T P I X R B K T Q
T Q Q S S K L O W Z R Q P
W E E W W J W E T B J W D
```

Say among the nations, "The Lord is king!
The world is firmly established; it shall
never be moved.
He will judge the peoples with equity."

SAY
AMONG
NATIONS
LORD
KING
WORLD
FIRMLY

ESTABLISHED
NEVER
MOVED
JUDGE
PEOPLE
EQUITY

Psalm 97:10

```
S E U C S E R F P Q
W D J L L Z A X J R
I W R I O I J L N Y
C S V A T R O Q Z D
K E E H U V D N A H
E T F V E G N Z B Q
D U X S I H A T E W
L T L T T L Y D T K
```

The _Lord_ _loves_ those who _hate_ _evil_;
he _guards_ the _lives_ of his _faithful_;
he _rescues_ them from the _hand_ of
the _wicked_.

LORD   LIVES
LOVES   FAITHFUL
HATE   RESCUES
EVIL   HAND
GUARDS   WICKED

Psalm 98:8b-9

```
R L E P E O P L E S D W K
I N Y C B Y L J D D L M Y
G R B N N J Y U B P T R G
H G E B N E V D L L K N Y
T N H H V Y S G M J R K N
E I D T T R E N Z T G L
O M H L R E T K R R T O N
U O G I R A G V B P R R Y
S C W M L O E O K D B T X
S M Q X R L W J T Y I Y T
N I N B D Y S P D U Y T V
D L N R Y T W W Q B Y O R
V T N G R K K E N V L N J
```

Let the _hills_ _sing_ _together_ for _joy_
at the _presence_ of the _Lord_, for he
    is _coming_
to _judge_ the _earth_.
He will judge the _world_ with _righteous_ness,
and the _peoples_ with _equity_.

HILLS	JUDGE
SING	EARTH
TOGETHER	WORLD
JOY	RIGHTEOUS
PRESENCE	PEOPLES
LORD	EQUITY
COMING	

Psalm 99:1-2

```
P G R E A T L K M E Z
E Z I O N N Y I L M D
O N P L W Y B B H N N
P D T W D U M T R P N
L R Q H R E R Q Q R L
E O M E R A T U B L T
S L H T E O A L K L N
T C T Z V K N I A T D
I N M E E N N E G X Y
S Y R V J G R W D M E
```

The Lord is king; let the peoples tremble!
He sits enthroned upon the cherubim;
   let the earth quake!
The Lord is great in Zion;
he is exalted over all the peoples.

LORD	EARTH
KING	QUAKE
PEOPLES	GREAT
TREMBLE	ZION
SITS	EXALTED
ENTHRONED	OVER
CHERUBIM	

Psalm 100:1-2

```
G E A R T H E M O C
W L P I H S R O W L
S L A X R E G T Q J
M O J D R L U K N B
V O N O N O O V X T
Y Y F G H E G R L Y
L E W S S Y S L D L
B D M T B R A S P R
```

Shout for joy to the Lord, all the earth. Worship the Lord with gladness; come before him with joyful songs.

SHOUT	WORSHIP
JOY	GLADNESS
LORD	COME
ALL	BEFORE
EARTH	SONGS

Psalm 101:3b-4

```
P H Q L L Q T T F
E K E I L R T A L
O S V A A A I D G
P E R P R T H N K
L F P E H T I S Z
E Q A L V H Q T M
L T E R T R A D W
T S A O Q H E J B
S N N H W Y M P R
```

hate what _faithless_ _people_ do;
  I will have no _part_ in it.
The _perverse_ of _heart_ _shall_ be _far_
  from me;
will have _nothing_ to do with _what_ is _evil_.

HATE	SHALL
FAITHLESS	FAR
PEOPLE	NOTHING
PART	WHAT
PERVERSE	EVIL
HEART	

Psalm 102:15-16

```
E E F S N O I T A N
R A E J R R D G D B
E R A K A L L O R D
V T R E I O R N L D
E H P U R N A X Z X
R P B Y O M G B B J
A E J I E D T S T Q
R T Z T W L D Z G K
```

The <u>nations</u> will <u>fear</u> the <u>name</u> of the <u>Lord</u>,
all the <u>kings</u> of the <u>earth</u> will <u>revere</u>
your <u>glory</u>.
For the Lord will <u>rebuild</u> <u>Zion</u>
and <u>appear</u> in his glory.

NATIONS
FEAR
NAME
LORD
KINGS
EARTH

REVERE
GLORY
REBUILD
ZION
APPEAR

Psalm 103:8-10

```
C O M P A S S I O N A T E
A L R R X J R Y S T T D K
B J N M J Y K D Q I E I M
O S U O I C A R G S N Q L
U R T Z J E T V E I Y S X
N E G N R A S R Q H L M Q
D G X P E M V U A Y B T N
I N J R L E I R C N M Z X
N A T O W T B L E C X V Q
G J R L I O N N O P A P K
L D N E R R L Y L V A X V
W M S M N M N S B D E Y W
```

he Lord is compassionate and gracious,
ow to anger, abounding in love.
e will not always accuse,
or will he harbor his anger forever;
e does not treat us as our sins deserve
repay us according to our iniquities.

LORD	ACCUSE
COMPASSIONATE	HARBOR
GRACIOUS	TREAT
SLOW	SINS
ANGER	DESERVE
ABOUNDING	REPAY
LOVE	INIQUITIES

Psalm 103:11-12

```
T R A N S G R E S S I O N S
S N E V A E H R L Y T X B T
D B X N L H X M K P R D M T
T E W V F I T S A E G D M R
P D V E D G E R J W M Q T D
Y V A O A H Q A N T Z Y P P
T R D B M N T B R D G L Y X
T Z O B T E J L T T D L Z W
Q V T A T T R R O X H B V W
E M E T S E W A K V N M P W
M R Q B Q V Z F R V E D T G
G L D T D D J Y X L V Y Z M
```

For as _high_ as the _heavens_ are _above_
   the _earth,_
so _great_ is his _love_ for those who
   fear him;
as _far_ as the _east_ is from the _west,_
so far has he _removed_ our _transgressions_
   from us.

HIGH	FEAR
HEAVENS	FAR
ABOVE	EAST
EARTH	WEST
GREAT	REMOVED
LOVE	TRANSGRESSIONS

Psalm 104:2-3

```
S T R I D E S C S T T W
N L N W Q D H T T Z T J
E O D E U A R O S Y M G
V R B O M E I R W G N R
A D L B T R E R E P P U
E C E C A T A T H G I L
H R H H A P S G N I W B
S E C W S B E A M S D B
S T E N T D N I W R D M
```

The Lord wraps himself in light as with a garment;
he stretches out the heavens like a tent and lays the beams of his upper chambers on their waters.
He makes the clouds his chariot and rides on the wings of the wind.

LORD	UPPER
WRAPS	CHAMBERS
LIGHT	WATERS
GARMENT	CLOUDS
STRETCHES	CHARIOT
HEAVENS	RIDES
TENT	WINGS
BEAMS	WIND

Psalm 104:33-34

```
M R G R K T L G D R X Y
E Q N V P W P R K N J Y
D V I L Q R O A M N V R
I Z S X J L L Y L V Z Y
T B A R P L P V Z R Z M
A G E V E R G J Y D V K
T T L N G J A N L I V E
I T P N R G O I I D K M
O E O R O T W I S S R L
N L F D X B T Y C E T B
N X B I L W X K T E J Q
G R Y R L R R R B D K V
```

I will <u>sing</u> to the <u>Lord</u> <u>all</u> my <u>life</u>;
I will sing <u>praise</u> to my <u>God</u> as <u>long</u>
  as I <u>live</u>.
May my <u>meditation</u> be <u>pleasing</u> to him,
as I <u>rejoice</u> in the Lord.

SING
LORD
ALL
LIFE
PRAISE
GOD

LONG
LIVE
MEDITATION
PLEASING
REJOICE

Psalm 105:8-9

```
G E N E R A T I O N S
M A H A R B A C S T W
Q S T N Q L O R H C G
F W A L N V E O A E N
R O O R E B U A S Z D
B R R N M S S I X T Z
T E A E A I M T L J R
Y N M N V O X A D L X
T E D V R E Y V D M D
R M Z P L Z R M V E P
```

…e *remembers* his *covenant* *forever*,
…e *promise* he *made*, for a *thousand*
  generations,
…e covenant he made with *Abraham*,
…e *oath* he *swore* to *Isaac*.

REMEMBERS	GENERATIONS
COVENANT	ABRAHAM
FOREVER	OATH
PROMISE	SWORE
MADE	ISAAC
THOUSAND	

Psalm 106:47

```
E G N O M A E R B N J
V X G N T S X N Y J M
I S G L I G A V D Q B
G L K A O T D L L L D
A R R N I R O N A M E
T P E O A R Y H R D B
H D N V D H O N L Q Z
E S O P A L T W R Q T
R Y Y G Y S Q Y B L L
```

Save us, O Lord our God,
and gather us from among the nations,
that we may give thanks to your
*   holy name*
and glory in your praise.

SAVE	GIVE
LORD	THANKS
GOD	HOLY
GATHER	NAME
AMONG	GLORY
NATIONS	PRAISE

Psalm 107:8-9

```
Y J R Z L B X R T J D B V T
H D D R S T Y W H Y L D M L
D U G W Y E P J I S N Q T D
P Y M R O M I J N X L S N M
D W Z A G N M F G G A L L L
T R O D N X D T S F O G I B
Y H O R R K H E D I K O G F
R D I L K A I A R Q T M D L
G R D R N S E N Y F B A N N
N L B K S T M Q D M U Y S Z
U Y T J S T L O V E X L M Y
H M T M L L Y B D Q B M V M
```

et them _thank_ the _Lord_ for his
 steadfast _love_,
or his _wonderful_ _works_ to _humankind_.
 or he _satisfies_ the _thirsty_,
nd the _hungry_ he _fills_ with _good_ _things_.

THANK	SATISFIES
LORD	THIRSTY
STEADFAST	HUNGRY
LOVE	FILLS
WONDERFUL	GOOD
WORKS	THINGS
HUMANKIND	

Psalm 107:28-29

```
V R Y L M D R R A W L D
D R X J J R B R Q E E K
E I E L B U O R T I S M
H Y S Y R L T R G B Z
S L B T J W O C S X K T
U T Y R R X L U M A D E
H D W S Q E R N G Y V L
Z J D T E T S J D H O T
W M V I V V Q S W R T B
M B R L W B A N D B T Y
X J N L D D D W G M N Z
```

Then they <u>cried</u> to the <u>Lord</u> in
their <u>trouble</u>,
and he <u>brought</u> them out from
their <u>distress</u>;
he <u>made</u> the <u>storm</u> be <u>still</u>,
and the <u>waves</u> of the <u>sea</u> were <u>hushed</u>.

CRIED
LORD
TROUBLE
BROUGHT
DISTRESS
MADE

STORM
STILL
WAVES
SEA
HUSHED

Psalm 108:5-6

```
T P R G S N E V A E H R P
X W X H O R B D A B O V E
Y E T T D D M P R V T J K
G N X R L Y R I N D L L M
L W M A B L G E N D Q V W
O D Y E L H R A W Y M D J
R Y K D T T H E R S R N T
Y J L T R Y E O S E N V L
E V I G W E T D V C P A T
K W P G N C V O Y N U Q N
N R Q B I X L O N N J E B
R L Z V D L L D M Z N Q D
```

e exalted, O God, above the heavens,
nd let your glory be over all the earth.
ive victory with your right hand, and
answer me,
that those whom you love may be
rescued.

EXALTED	GIVE
GOD	VICTORY
ABOVE	RIGHT
HEAVENS	HAND
GLORY	ANSWER
OVER	LOVE
EARTH	RESCUED

Psalm 109:21-22

```
P P K D A N D N S P G
O I J C X E Y T L W Y
O E T K L N E E D Y L
R R H I T A Y T D M V
N C V E D F L A H E B
Y E E F A D W D Q J P
R D A V R R O L R W Q
G S J O O O T S A K E
T M L V G L Y B X M Y
```

But you, O _Lord_ my Lord,
act on my _behalf_ for your name's _sake_;
because your _steadfast_ _love_ is _good_,
    deliver me.
For I am _poor_ and _needy_,
and my _heart_ is _pierced_ within me.

LORD	GOOD
ACT	DELIVER
BEHALF	POOR
SAKE	NEEDY
STEADFAST	HEART
LOVE	PIERCED

Psalm 111:2-3

```
R R S D F R D X Z M W L N R
I B J E V O T S Y X Z M Y Q
G N Z N R Q R T T N A T X Z
H Q L B D U H E V U S L W D
T T G M B G D B V E D B L L
E W T D I G L N J E R I Z W
O D Z L L X R A E J R N E L
U N E M L M M E W O R K S D
S D R O N O H F A L O R D R
N L K M R K U Y K T R D R Q
E K K L P L Q D P N K Q Y J
S J N K L V T Y L L N X M Y
S R D J X T Z Z M W M P N J
```

Great are the *works* of the *Lord*,
studied by *all* who *delight* in them.
Full of *honor* and *majesty* is his work,
and his *righteousness* *endures* *forever*.

GREAT	FULL
WORKS	HONOR
LORD	MAJESTY
STUDIED	RIGHTEOUSNESS
ALL	ENDURES
DELIGHT	FOREVER

Psalm 111:9-10a

```
U N D E R S T A N D I N G
N E C I T C A R P D W B L
T O Y L O H B P E I E P X
N N I Q R B J D S G E V K
A R E T Y Q N D I O R N W
N Q E S P A O N P E X D M
E A N V M M N L M L R G M
V N M M E I E O F O J L D
O D O E N R S D L E X G T
C C O G D E O J E T A J V
R M G O W P Y F T R D R M
P B Q A G Z D V G N J Y M
```

He <u>sent</u> <u>redemption</u> to his <u>people</u>;
  he has <u>commanded</u> his <u>covenant</u>
  <u>forever</u>.
<u>Holy</u> and <u>awesome</u> is his <u>name</u>.
The <u>fear</u> of the <u>Lord</u> <u>is the beginning</u>
  of <u>wisdom</u>;
all those who <u>practice</u> it have a <u>good</u>
  <u>understanding</u>.

SENT	NAME
REDEMPTION	FEAR
PEOPLE	LORD
COMMANDED	BEGINNING
COVENANT	WISDOM
FOREVER	PRACTICE
HOLY	GOOD
AWESOME	UNDERSTANDING

Psalm 112:1b-2

```
U P R I G H T D W L Y Y R L
V W N J Q N G R L Y X G X J
T S N Z N N M O V M E D C M
Q Z T L D I Y L M N D O Y M
G X T N G K Z T E R M P Y R
R P F H A P L R Y M P P T T
E D T E N D A V A A R Y D R
A Y B J A T N N H B K E M L
T J N L I R D E K Y L D A L
L N P O E M X J C I G N R X
Y Y N G E S K Y G S D Y K Y
D Z T N W M S H K D E V X B
B K T P G R T E T Q N D Z B
P S Q T N Y K N D Y W M D W
```

Happy are those who _fear_ the _Lord_, who _greatly_ _delight_ in his _commandments_.
Their _descendants_ will be _mighty_ in the _land_;
the _generation_ of the _upright_ will be _blessed_.

HAPPY	DESCENDANTS
FEAR	MIGHTY
LORD	LAND
GREATLY	GENERATION
DELIGHT	UPRIGHT
COMMANDMENTS	BLESSED

Psalm 113:2-3

```
E R O M R E V E R O F
V G R J T G D T I M E
P M N I R E M V Q M J
Y R B I S N A M E Z M
S Q A S T I G Y D R V
U I E I D T N Y T B R
N L H R S T E G Q Y Z
B V O T Y E G S Y L M
N L B X M L D Q B J M
```

Blessed be the <u>name</u> of the <u>Lord</u> from this <u>time</u> on and <u>forevermore</u>. From the <u>rising</u> of the <u>sun</u> to its <u>setting</u> the name of the Lord is to be <u>praised</u>.

BLESSED	FOREVERMORE
NAME	RISING
LORD	SUN
THIS	SETTING
TIME	PRAISED

Psalm 113:7-8

```
T W M A K E B Q
S E S I A R T K
S E C N I R P Z
T G Y T P E B T
F R I D O A S N
I S O P E U E A
L D L O D E S H
N E Z D P H N L
```

e *raises* the *poor* from the *dust*,
nd *lifts* the *needy* from the *ash* heap,
 make them *sit* with *princes*,
ith the princes of his *people*.

RAISES	HEAP
POOR	MAKE
DUST	SIT
LIFTS	PRINCES
NEEDY	PEOPLE
ASH	

Psalm 114:7-8

```
T T E L O R D E M
R N R A D G C W J
E I O R R N O A Y
M L C B E T C D S
B F K S S O H P W
L L E N B G R A P
E R R Z R I T O B
P U Y T N E O D Y
T J D G R L R V L
```

*Tremble, O earth, at the presence
   of the Lord,
at the presence of the God of Jacob,
who turns the rock into a pool of water,
the flint into a spring of water.*

TREMBLE	TURNS
EARTH	ROCK
PRESENCE	POOL
LORD	WATER
GOD	FLINT
JACOB	SPRING

Psalm 115:1-2

```
E F Y T B P D J P Y K T Y
R R A J D Y J P W M N D W
E L R I T S N O I T A N N
H L T Q T S L O R D R L M
W W Z B D H A N N T G S J
Y T J E L K F F P N A O B
R B M V L R X U D Y X K D
Y A N I D D Y W L A Q K Y
N R R G S A K E O N E R Y
T B O R J Z M Y V T E T Y
L N Z L W N R P E N Q S S
Z Q V L G R Y W Z M Q P S
```

Not to us, O _Lord_, not to us, but to your
  name _give_ _glory_,
or the _sake_ of your _steadfast_ _love_ and
  your _faithfulness_.
Why should the _nations_ _say_,
Where is their _God_?"

LORD	LOVE
NAME	FAITHFULNESS
GIVE	NATIONS
GLORY	SAY
SAKE	WHERE
STEADFAST	GOD

Psalm 116:1-2

```
S U P P L I C A T I O N S
J W K B Y Z N E E C I O V
T Q D N N P D Y V B P D Q
E R O F E R E H T I R J J
I N C L I N E D L O L P N
G P D L B N V O L J T T T
H N W T B Z V G W P M G T
B E O L Y E L T C Q L L Z
B R A L J Y P A T D K P Z
G N B R P T L Z B G Z L T
Z N W P D L V T R X V N L
```

I <u>love</u> the <u>Lord</u>, because he has <u>heard</u> my <u>voice</u> and my <u>supplications</u>. Because he <u>inclined</u> his ear to me, <u>therefore</u> I will <u>call</u> on him as <u>long</u> as I <u>live</u>.

LOVE	INCLINED
LORD	THEREFORE
HEARD	CALL
VOICE	LONG
SUPPLICATIONS	LIVE

Psalm 116:12-14

```
Y Q Q K M P B B M N T E
B B C U P P J J M V C W
N O I T A V L A S N T Y
R U J P L O R D E W A Y
U N C Y E T W S T P O E
T T W A B O E Y L M M V
E Y T Q L R P I J A D L
R N J X P L F L N Y J B
B L K N G T G N E R M L
```

What shall I <u>return</u> to the <u>Lord</u>
for all his <u>bounty</u> to me?
I will <u>lift</u> up the <u>cup</u> of <u>salvation</u>
and <u>call</u> on the <u>name</u> of the Lord,
I will <u>pay</u> my <u>vows</u> to the Lord
in the <u>presence</u> of all his <u>people</u>.

RETURN	CALL
LORD	NAME
BOUNTY	PAY
LIFT	VOWS
CUP	PRESENCE
SALVATION	PEOPLE

Psalm 117

```
S S P Y W Q V D T K P V D
E T N Q T R D S Q E P F D
R A L O V E A Q O L A T J
U E F T I F D P G I T L X
D R O P D T L E T X N L X
N G R A G E A H S W Y R N
E N E T S Y F N N I J D Y
T T V K E U D X R D A W L
S W E Y L X J L R T Q R B
P M R N V M T O V T G J P
B M E B L N L O G D R R N
N S J M D L D N L L T M W
S N T T W V N D L R Z N Q
```

Praise the *Lord*, all you *nations*!
Extol him, all you *peoples*!
For *great* is his *steadfast* *love* toward us,
and the *faithfulness* of the Lord *endures*
    forever.
Praise the Lord!

PRAISE	STEADFAST
LORD	LOVE
NATIONS	FAITHFULNESS
EXTOL	ENDURES
PEOPLES	FOREVER
GREAT	

Psalm 118:5-6

```
S L A T R O M M D L Q
D E D R P L T E V D V
R I T E O L R S I D E
B T S R L E A N M B P
B R D T W L R C L Y K
O Q O S R A A Z E B L
P U N A E E R C J T Y
P A T F D J S J W L D
T V G G K K V S Z R M
```

Out of my distress I called on the Lord;
the Lord answered me and set me in a
broad place.
With the Lord on my side I do not fear.
What can mortals do to me?

OUT

DISTRESS

CALLED

LORD

ANSWERED

SET

BROAD

PLACE

SIDE

FEAR

MORTALS

Psalm 118:22-23

```
E Y E S Q Q T P V J Z R
S C O R N E R S T O N E
R U G L R R E R F Y L W
E G O L Z M E E K L X T
D X Y L O J I L D J M W
L B R C E H L O D S D N
I Y E C C V I O T N N P
U B T T T N R O R D J T
B E M J G Z N A R D X J
D T X L Q E V R M Y G L
```

The <u>stone</u> that the <u>builders</u> <u>rejected</u>
has <u>become</u> the <u>chief</u> cornerstone.
This is the <u>Lord</u>'s <u>doing</u>;
it is <u>marvelous</u> in our <u>eyes</u>.

STONE	CORNERSTONE
BUILDERS	LORD
REJECTED	DOING
BECOME	MARVELOUS
CHIEF	EYES

Psalm 119:1-3

```
S N V J G P V K G D N
S V H V G L N J L W V
E S E E R C E D H A W
L H G J A Z P O N A W
E A G N B R L E Y J R
M P K N P E T L E J T
A P R K O G L Z W K B
L Y E J Q R D D X X Q
B E L A W Z W R R D K
S T J K N X N Z O Q Y
R M J J R Q Q N M L T
```

Happy are those whose _way_ is
  blameless,
who _walk_ in the _law_ of the _Lord_.
Happy are those who _keep_ his _decrees_,
who _seek_ him with their _whole_ _heart_,
who also do no _wrong_,
but walk in his ways.

HAPPY	KEEP
WAY	DECREES
BLAMELESS	SEEK
WALK	WHOLE
LAW	HEART
LORD	WRONG

Psalm 119:54-55

```
S W H E R E V E R Z J
T S G N O S Y D M Z G
A H Z R E M E M B E R
T T G M L H K E E P Y
U B A I O O M Y W Z L
T K X M N A R W A L V
E T E T N Y N D J N V
S J J Q Z B P K B L B
```

Your <u>statutes</u> have been my <u>songs</u>
<u>wherever</u> I <u>make</u> my <u>home</u>.
I <u>remember</u> your <u>name</u> in the <u>night</u>,
* O <u>Lord</u>,*
and <u>keep</u> your <u>law</u>.

STATUTES   NAME
SONGS   NIGHT
WHEREVER   LORD
MAKE   KEEP
HOME   LAW
REMEMBER

Psalm 119:75-76

```
S S E N L U F H T I A F
D E S I M O R P J R M N
S E R V A N T U S R E T
T W L J P X D T B V R B
T B J B N G E W O L R G
Z R Y V M A T L O K P X
M Q O E D U J H R N D X
Y T N F Q D H M G R K B
L T A P M R L Q G I L D
S S Q P W O W Z B M R N
T G R B X L C B L Z Q Z
```

know, O Lord, that your judgments
    are right,
and that in faithfulness you have
    humbled me.
Let your steadfast love become
    my comfort
according to your promise to your
    servant.

KNOW   STEADFAST
LORD   LOVE
JUDGMENTS   COMFORT
RIGHT   PROMISE
FAITHFULNESS   SERVANT
HUMBLED

Psalm 121:1-2

```
Z E F T E D Q H T J
B R S R W M E J Y V
S E E N O A O T Y J
L H Y A V M T C N D
L W E E R F W H Z X
I O N D I T E D A M
H N R L L L H L M Z
L X B D P Y D V V T
```

I <u>lift</u> up my <u>eyes</u> to the <u>hills</u>—
<u>from</u> <u>where</u> will my <u>help</u> come?
My help comes from the <u>Lord</u>,
who <u>made</u> <u>heaven</u> and <u>earth</u>.

LIFT	COME
EYES	LORD
HILLS	MADE
FROM	HEAVEN
WHERE	EARTH
HELP	

Psalm 121:5-6

```
S T H G I N M K Y
T D K E E P E R R
R N L R L M N I P
I A M O O Y G U D
K H R O S H D A S
E D N D T H Y M W
J T R V Z J A X Q
M Z T Y K K L D R
Z Y L K M T L K E
```

The <u>Lord</u> is your <u>keeper</u>;
he Lord is your <u>shade</u> at your
  <u>right</u> <u>hand</u>.
The <u>sun</u> shall not <u>strike</u> you by <u>day</u>,
nor the <u>moon</u> by <u>night</u>.

LORD	SUN
KEEPER	STRIKE
SHADE	DAY
RIGHT	MOON
HAND	NIGHT

Psalm 125:1-2

```
E R O M R E V E R O F X
S M M Q W T F Q S G R Q
E V E R P O S U M M X W
D M X L R E R U O W R B
I X O E A R O U R T W T
B L V V O S N P Z T R M
A E R U E T U I L O R D
R W N T L D O R T E J K
D D Q K J N B T E M I T
K Y W J R M D L V J L Y
```

Those who _trust_ in the _Lord_ are like
  Mount _Zion_,
which cannot be _moved_, but _abides_
  forever.
As the mountains _surround_ Jerusalem,
so the Lord surrounds his _people_,
from this _time_ on and _forevermore_.

TRUST	FOREVER
LORD	SURROUND
MOUNT	JERUSALEM
ZION	PEOPLE
MOVED	TIME
ABIDES	FOREVERMORE

Psalm 126:5-6

```
S H E A V E S W Y R Q D
S G Q X S O E O D Y N L
H G N O W E J P E M O H
O P H I P G N I R A E B
U T A I Y S J S N B J B
T C N E R R H Q S W G T
S G O A R A R E Z M R Y
G Q E M L Y E A Y B D M
N T N L E D Y T C T Y R
```

May <u>those</u> who <u>sow</u> in <u>tears</u>
<u>reap</u> with <u>shouts</u> of <u>joy</u>.
<u>Those</u> who go out <u>weeping</u>,
<u>bearing</u> the <u>seed</u> for sowing,
<u>shall</u> <u>come</u> <u>home</u> with shouts of joy,
<u>carrying</u> their <u>sheaves</u>.

THOSE	BEARING
SOW	SEED
TEARS	SHALL
REAP	COME
SHOUTS	HOME
JOY	CARRYING
WEEPING	SHEAVES

Psalm 127:1

```
S S V A I N Y T I C
S H D K L Z P J P W
E C S R E L D E Z M
L T D D A E S J W V
N A R B L U P L M K
U W O M O I G S D B
R R L H Y M U L Z M
V M M B G V T B P W
```

Unless the Lord builds the house,
those who build it labor in vain.
Unless the Lord guards the city,
the guard keeps watch in vain.

UNLESS	VAIN
LORD	GUARDS
BUILDS	CITY
HOUSE	KEEPS
LABOR	WATCH

Psalm 130:3-4

```
S S E N E V I G R O F
S E I T I U Q I N I Z
D M D M M D M A R K J
L N R E L X S W W M D
O X A U R H W I T P B
R M O T O E T H T M M
D C G U S H V M O M Z
L L L T P J B E B T W
L D P N M M L G R T D
```

If you, O *Lord*, *should* *mark* *iniquities*,
Lord, *who* *could* *stand*?
But there is *forgiveness* *with* you,
so that you may be *revered*.

LORD	COULD
SHOULD	STAND
MARK	FORGIVENESS
INIQUITIES	WITH
WHO	REVERED

Psalm 131:1b-2a

```
M A R V E L O U S D B B
S K Y D R G Z D X Z Q B
G D D G E T R T L B Q Y
N E W E H R G E V I P D
I M E M T V N G A U H G
H L A D O E T M C T M C
T A N P M V I C L U O S
Y C E Q W K O U R D J R
B P D J L K M M Q Y M Q
```

I do not <u>occupy</u> myself with <u>things</u> too <u>great</u> and too <u>marvelous</u> for me. But I have <u>calmed</u> and <u>quieted</u> my <u>soul</u>, like a <u>weaned</u> <u>child</u> with its <u>mother</u>.

OCCUPY

THINGS

GREAT

MARVELOUS

CALMED

QUIETED

SOUL

WEANED

CHILD

MOTHER

Psalm 132:8-9

```
S S E N S U O E T H G I R
F Q Y W D B V S R Z R D P
A Y K B K W T M T E T Q Y
I E O K D S I U S Y N T X
T S Q J E G O T E C A L P
H I L I H H I N M P Q G B
F R R T S N C L O T H E D
U P K G G L X M O D M D D
L R Z W R T G P D R W J Z
A B Q T M N J G Q N D D J
```

ise up, O Lord, and go to your
    resting place,
_ou_ and the _ark_ of your _might_.
_et_ your _priests_ be _clothed_ with
    righteousness,
_nd_ let your _faithful_ _shout_ for _joy_.

RISE	PRIESTS
LORD	CLOTHED
RESTING	RIGHTEOUSNESS
PLACE	FAITHFUL
ARK	SHOUT
MIGHT	JOY

Psalm 133:1-2

```
S U O I C E R P H E A D
Z B Q D D D Z N O T T R
T N A S A E L P R I R T
K I N D R E D E R A L Q
G Y B W A U H R L Y K X
O K T A O T N L A R Z J
O Y R I E D O N O E E Y
D O K G N C X B I V B T
N Y O Y Q U E T I N M T
D T Y J D S D L P V G W
```

*How very <u>good</u> and <u>pleasant</u> it is
when <u>kindred</u> <u>live</u> <u>together</u> in <u>unity</u>!
It is like the <u>precious</u> <u>oil</u> on the <u>head</u>,
<u>running</u> <u>down</u> upon the <u>beard</u>,
on the beard of <u>Aaron</u>,
running down over the <u>collar</u> of his <u>robes</u>.*

GOOD	HEAD
PLEASANT	RUNNING
KINDRED	DOWN
LIVE	BEARD
TOGETHER	AARON
UNITY	COLLAR
PRECIOUS	ROBES
OIL	

Psalm 134:1-2

```
S Y J Q Q S M X K C
E L V X D R R R O D
R O D N A T S M R R
V H A L Y Z E O D Y
A H T N I N L V R W
N D S T E F Z N E A
T G T S H Q T C L D
S J U R E G A L X L
N O X X D L I M L V
H R D P P P B N K N
```

ome, bless the Lord, all you servants of
  the Lord,
ho stand by night in the house of
  the Lord!
ft up your hands to the holy place,
d bless the Lord.

COME	NIGHT
BLESS	HOUSE
LORD	LIFT
ALL	HANDS
SERVANTS	HOLY
STAND	PLACE

Psalm 135:5-6

```
R L H E A R T H
E D N E D R O L
V P L E A S E S
E T V Y P V E D
T G A E K V E S
A O E E O N A N
H D N B R E O L
W S A Y S G T W
```

For I know that the Lord is great;
our Lord is above all gods.
Whatever the Lord pleases he does,
in heaven and on earth,
in the seas and all deeps.

KNOW	PLEASES
LORD	HEAVEN
GREAT	EARTH
ABOVE	SEAS
GODS	DEEPS
WHATEVER	

Psalm 135:13-14

```
C T V I N D I C A T E
S O J R E M A N U R J
E G M L E J N O L S R
R R Q P M V H S E G A
U W E J A G E R R P D
D D T N U S V R E N V
N D R O O A S O O Y Q
E R R O N W P I B F N
T H D T L L N G O P D
T G S Z E V R D B N T
```

Your _name_, O _Lord_, _endures_ _forever_,
your _renown_, O Lord, _throughout_
  all _ages_.
For the Lord will _vindicate_ his _people_,
and have _compassion_ on his _servants_.

NAME
LORD
ENDURES
FOREVER
RENOWN
THROUGHOUT

AGES
VINDICATE
PEOPLE
COMPASSION
SERVANTS

Psalm 136:3-4

```
S K N A H T R V S
E R S D E E W T R
B N O R V N E R E
T E D E E A O V Y
S T R U D D I L E
L O A F R G N V A
F O A E R E O O Y
B S R W R L S D W
T D M D R G Z Y T
```

O give thanks to the Lord of lords,
for his steadfast love endures forever;
who alone does great wonders,
for his steadfast love endures forever.

GIVE	FOREVER
THANKS	ALONE
LORD	DOES
STEADFAST	GREAT
LOVE	WONDERS
ENDURES	

Psalm 137:6

```
R J E R U S A L E M N
G E K Y E X H T U O M
N N M T Y I V E D N R
I W T E G D U T J N N
L L J H M G A B O V E
C J E V N B R O O F Y
G S O O V Y E B T M Y
T J T Y X W G R M R B
```

Let my _tongue_ _cling_ to the _roof_ of
_my_ _mouth_,
I do not _remember_ you,
I do not _set_ Jerusalem
bove my _highest_ joy.

TONGUE	SET
CLING	JERUSALEM
ROOF	ABOVE
MOUTH	HIGHEST
REMEMBER	JOY

Psalm 138:4-5

```
P R A I S E G A M T
D B W H T G B N L X
R L X O T A N B I L
A Z L D R U E I D S
E Y R R S D O R K V
H O R Y R E S M G B
L V A O A W R T X G
L W Y R L T X J R J
T J T B N G N W K Z
R H Y B B G Y B Y N
```

*All the <u>kings</u> of the <u>earth</u> shall <u>praise</u>
  you, O <u>Lord</u>,
for they have <u>heard</u> the <u>words</u> of
  your <u>mouth</u>.
They shall <u>sing</u> of the <u>ways</u> of the Lord,
for <u>great</u> is the <u>glory</u> of the Lord.*

ALL	WORDS
KINGS	MOUTH
EARTH	SING
PRAISE	WAYS
LORD	GREAT
HEARD	GLORY

Psalm 138:7

```
M P J N H R S X S Z
I R R A H T I R N E
D Q N E R G E G L G
S D E E S V U B H T
T W T N I E U O S T
B C A L E O R N H W
H R E L R M I V R T
L D M T K A I A E N
D Z P Z G D T E R Z
G K D A R H R Q S V
```

ough I walk in the midst of trouble,
u preserve me against the wrath of
my enemies;
u stretch out your hand,
d your right hand delivers me.

THOUGH	WRATH
WALK	ENEMIES
MIDST	STRETCH
TROUBLE	HAND
PRESERVE	RIGHT
AGAINST	DELIVERS

Psalm 139:1-3

```
T L R M L N D H R L R B L
D E T N I A U Q C A O Y X
S T N T W T V V Y R I R L
K I R W N L H Z T N A Q D
D R T K O R B O G Q R E D
N E Q J W N E D U X A L S
K N H T A P K C B G F N K
R B J C X N J M S T H V B
R I M P R Y V J L I X T S
P Q S R R A M B P Z D Y S
R R R E X R E Y G Y A T G
M V G K P X J S N W L P R
```

O _Lord_, you have _searched_ me and
   known me.
You know when I _sit_ down and when
   I _rise_ up;
you _discern_ my _thoughts_ from _far_ away.
You _search_ out my _path_ and my _lying_
   down,
and are _acquainted_ with all my _ways_.

LORD	FAR
SEARCHED	SEARCH
KNOWN	PATH
SIT	LYING
RISE	ACQUAINTED
DISCERN	WAYS
THOUGHTS	

Psalm 139:7-8

```
S H E A V E N P L L
A P V T K E R E H W
S E I A H E Y L M Y
C E M R S E O D E B
E L T E I E R M Y B
N F N M H T T E K R
D C K S N G D M M T
E D R G T M Q Z Z Q
```

Where can I go from your spirit?
Or where can I flee from your presence?
I ascend to heaven, you are there;
I make my bed in Sheol, you are there.

WHERE	HEAVEN
SPIRIT	THERE
FLEE	MAKE
PRESENCE	BED
ASCEND	SHEOL

Psalm 139:14-15

```
Y S H T P E D X R Z B P G Q
L K W Y R L T R G W W I R P
L D R O Q R J J L R N T R L
U G X Z V D R S T T J A L J
F Z N J P E K T R T I U L D
R N T B T R N I E S F G Y Q
A Z D M O E C R E R K N O W
E X A W A A C V E M H P N X
F D B R T E V D L I A T J G
E J T E S P N G D W D R Z X
D H L D T O N D G E B P F R
V Y D N W B E L J L Q T N M
R D Y R R N D Y L L W Z V L
```

I _praise_ you, for I am _fearfully_ and
   wonderfully _made_.
Wonderful are your _works_;
that I _know_ very _well_.
My _frame_ was not _hidden_ from you,
when I was being made in _secret_,
intricately _woven_ in the _depths_ of
   the _earth_.

PRAISE   FRAME
FEARFULLY   HIDDEN
MADE   SECRET
WONDERFUL   INTRICATELY
WORKS   WOVEN
KNOW   DEPTHS
WELL   EARTH

Psalm 139:23-24

```
Z G R L N G D D S V J M
Y J N Y W L L E T M Z M
K P L I J B A V S G T L
T Y A W T R T T K P N Y
R V R N C S H G K T D N
A Q T H T G A N G E D G
E G P E U L O L K D M B
H X S O G W E C R L B G
K T H S E E I A L E O Y
Q T T D Q W K M D D V Z
L R N M Y P B R K R X E
```

earch me, O God, and know my heart;
est me and know my thoughts.
ee if there is any wicked way in me,
nd lead me in the way everlasting.

SEARCH	SEE
GOD	WICKED
KNOW	WAY
HEART	LEAD
TEST	EVERLASTING
THOUGHTS	

Psalm 140:12-13

```
M E S U A C R U P S
A E M E D Y P O U D
I V C M T R D O O E
N I G N I U E E C P
T G P G E T C I E S
A K H M H S T E K N
I T A G K S E N X D
N N I N U V A R R E
S R O J I H V O P L
D W D L T K L J Z T
```

I <u>know</u> that the <u>Lord</u> <u>maintains</u> the <u>cause</u>
  of the <u>needy</u>,
and <u>executes</u> <u>justice</u> for the <u>poor</u>.
<u>Surely</u> the <u>righteous</u> shall <u>give</u> <u>thanks</u> to
  your <u>name</u>;
the <u>upright</u> shall <u>live</u> in your <u>presence</u>.

KNOW	RIGHTEOUS
LORD	GIVE
MAINTAINS	THANKS
CAUSE	NAME
NEEDY	UPRIGHT
EXECUTES	LIVE
JUSTICE	PRESENCE
POOR	

Psalm 141:1-2

```
E M V B T B R H T T D D Y B
V Y Q R N J J L A X D R Z M
E B R R X K Z Q L N E R M L
N V A R D Y D D I V D L B D
I E T P L B P N I B I S R S
N E C I O V C G J F C O A N
G T T C K E Y R T A L C C Z
Q N O J N L E I L Q R O T V
L M R S K Y N L B I U Z D G
E Z E C A G M J F N B R L Q
Z G I R V P J I T M Q V W T
W U P N K G C E D N D J B L
Q K J L K E D V W L K D L L
```

call upon you, O Lord; come quickly
    to me;
ive ear to my voice when I call to you.
et my prayer be counted as incense
    before you,
nd the lifting up of my hands as an
    evening sacrifice.

CALL	PRAYER
LORD	COUNTED
COME	INCENSE
QUICKLY	LIFTING
GIVE	HANDS
EAR	EVENING
VOICE	SACRIFICE

Psalm 143:5-6

```
R M P L U O S N D V
D E E A T T T D L O
E S M D R H A N D S
E D K E I C I Y R D
D W T R M T H N D N
S C S D O B A E K Q
H T V N A W E T D X
S B N A Z Y Z R E N
D D Y L R X S N J D
```

I remember the days of old,
I think about all your deeds,
I meditate on the works of your hands.
I stretch out my hands to you;
my soul thirsts for you like a parched
    land.   Selah

REMEMBER   HANDS
DAYS   STRETCH
OLD   SOUL
THINK   THIRSTS
DEEDS   PARCHED
MEDITATE   LAND
WORKS

Psalm 145:8-9

```
C O M P A S S I O N D B
A B S A N G E R N S Y D
L B T U D L S A T J J M
U L O R O L O E L O V R
F L O U O I A V V L K T
I L Y W N D C E E R R M
C R W M F D R A G O O D
R L D A N R I J R W L L
E T S E D A M N N G M Y
M T L W J K M Y G T J T
```

The Lord is _gracious_ and _merciful_,
slow to _anger_ and _abounding_ in
  steadfast love.
The Lord is _good_ to _all_,
and his _compassion_ is _over_ all that he
  has _made_.

LORD
GRACIOUS
MERCIFUL
SLOW
ANGER
ABOUNDING
STEADFAST

LOVE
GOOD
ALL
COMPASSION
OVER
MADE

Psalm 147:4-5

```
U N D E R S T A N D I N G
A J Q E N R X Z B M Y R J
R B Q Y T B V Q Y E G S Q
E G U W V E R G R M R L L
B I N N B R U Y A V R V
M V B Y D D S M T Q G R Z
U E Y R N A G S I D Z M D
N S X O E R N P K N S L N
N D Y M E N O T Q E E Q B
V E R A D W N Q M W D S M
B K T O E D L A Y W M Q N
Q R Z R L V N Q L J L M T
```

He <u>determines</u> the <u>number</u> of the <u>stars</u>;
he <u>gives</u> to all of them their <u>names</u>.
<u>Great</u> is our <u>Lord</u>, and <u>abundant</u>
   in <u>power</u>;
his <u>understanding</u> is <u>beyond</u> <u>measure</u>.

DETERMINES	LORD
NUMBER	ABUNDANT
STARS	POWER
GIVES	UNDERSTANDING
NAMES	BEYOND
GREAT	MEASURE

Psalm 150:3-6a

```
P D N U O S C E P E E K L
R L U T E Y W R C V P G V
A J M L M D A J E N N I E
I T G B B I M R G I A N P
S T A N S K Y G H L I D B
E L R E I T Y S J R O R P
S L G U H G A Y U G E R S
H Z M I M L N O N A R G D
A W N L C P B A T B N P R
R G R R J M E H L I T N V
P D M Q A J E T R C B M Q
N Y K T Y S J T Q G J J M
T Z Q D P L S Y D P Y N M
```

Praise him with trumpet sound;
praise him with lute and harp!
Praise him with tambourine and dance;
praise him with strings and pipe!
Praise him with clanging cymbals;
praise him with loud clashing cymbals!
Let everything that breathes praise
   the Lord!

PRAISE	PIPE
TRUMPET	CLANGING
SOUND	CYMBALS
LUTE	CLASHING
HARP	EVERYTHING
TAMBOURINE	BREATHES
DANCE	PRAISE
STRINGS	LORD

ANSWER KEY

Psalm 1:1-2

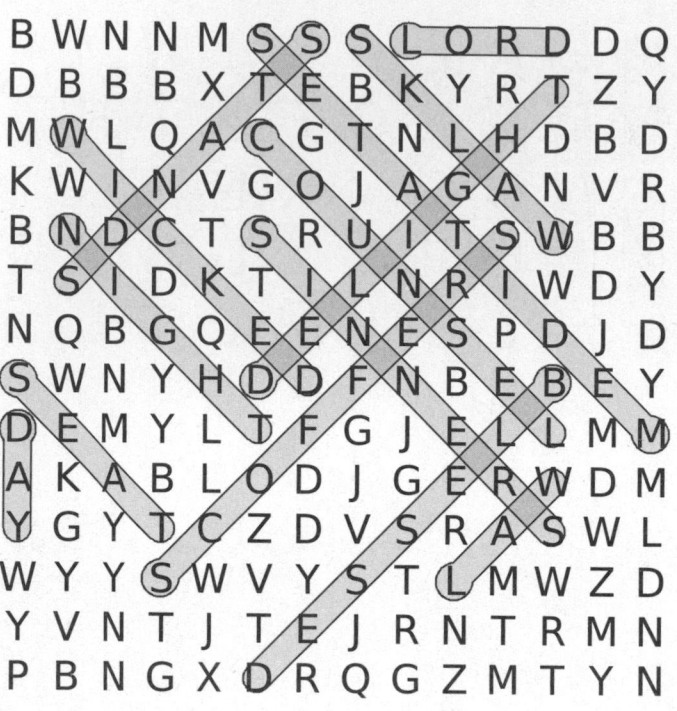

Psalm 2:10-11

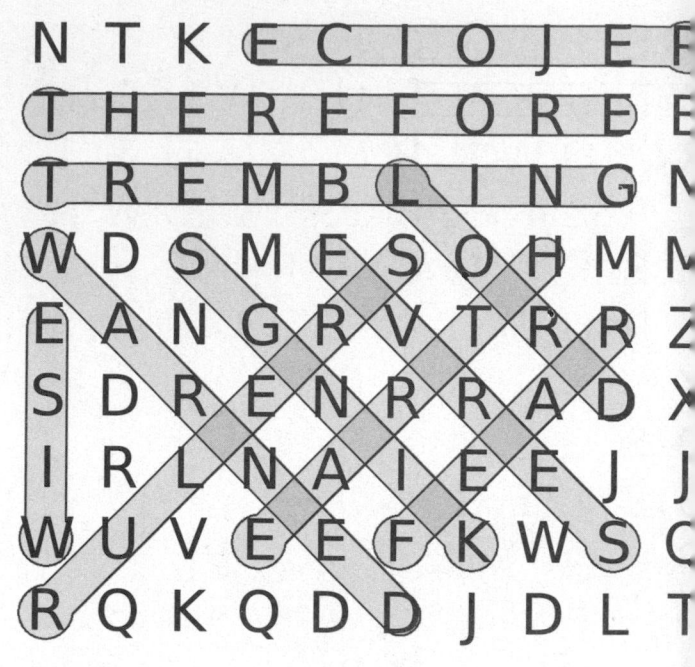

Psalm 3:3-4

Psalm 4:6-8

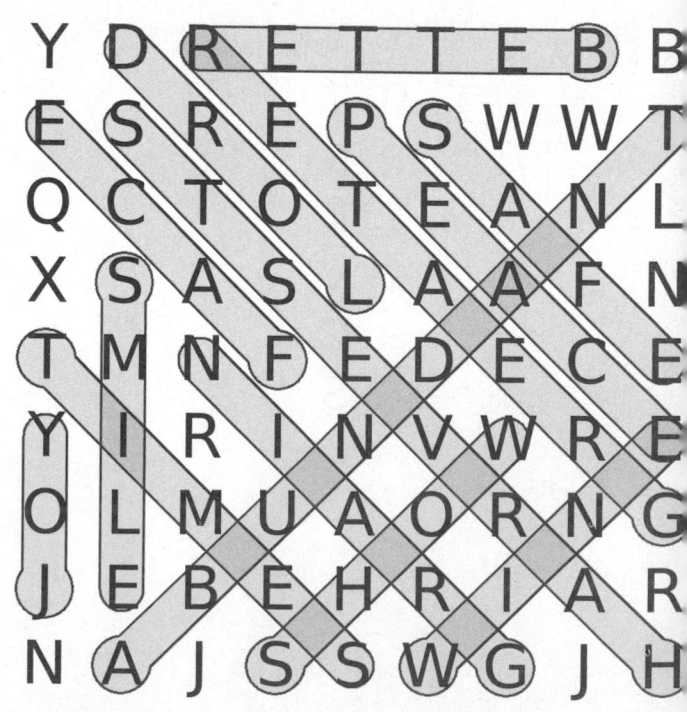

Psalm 5:11-12

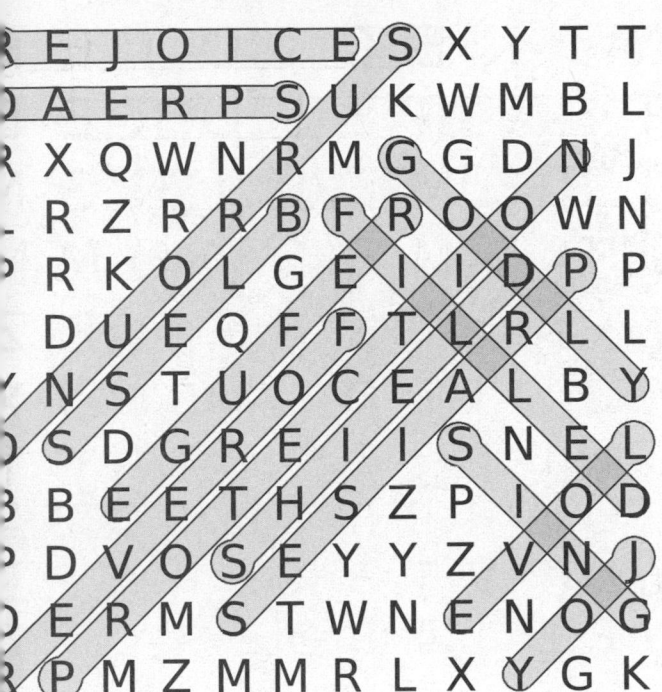

Psalm 6:2-4

Psalm 7:9

Psalm 8:3-5

Psalm 9:9-10

Psalm 10:14

Psalm 12:5-6

Psalm 13:5-6

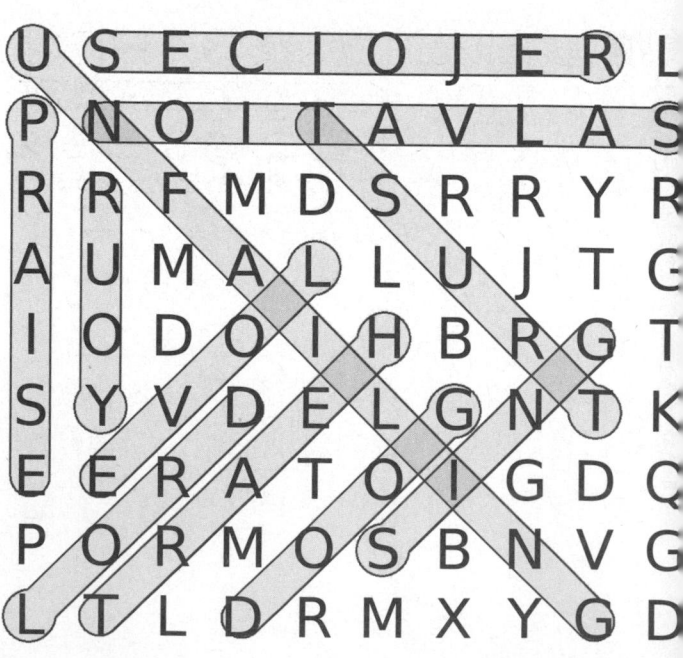

Psalm 16:9-11

Psalm 17:6-7

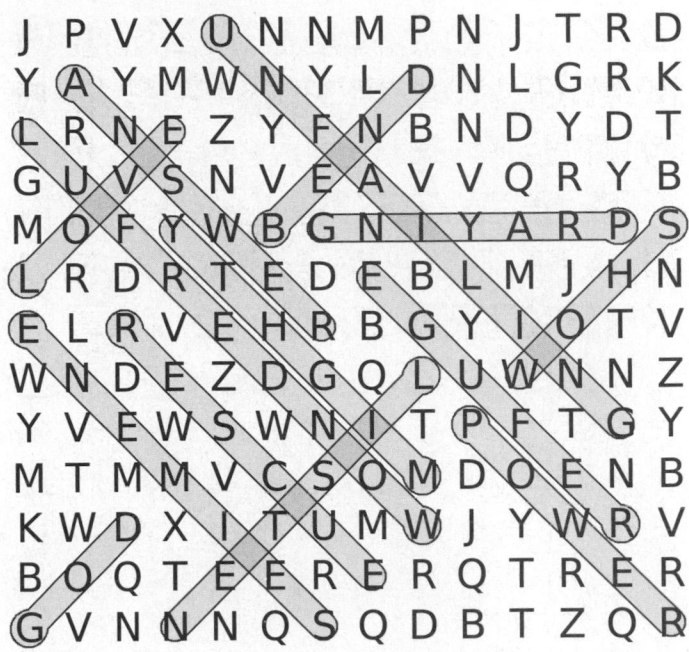

Psalm 18:1-3

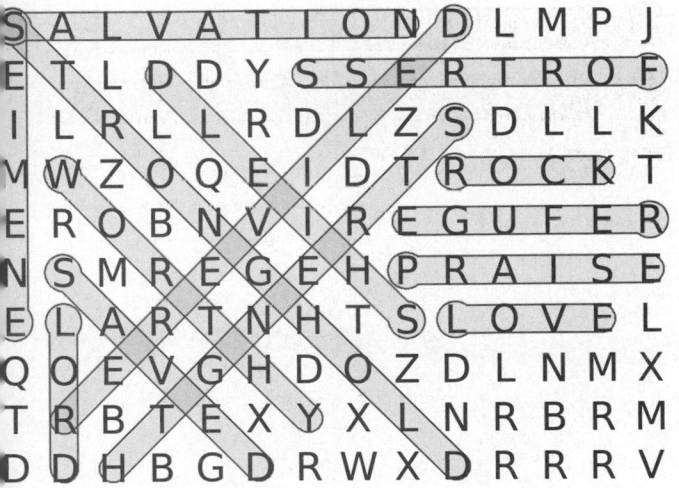

Psalm 18:35-36

Psalm 19:9a-11

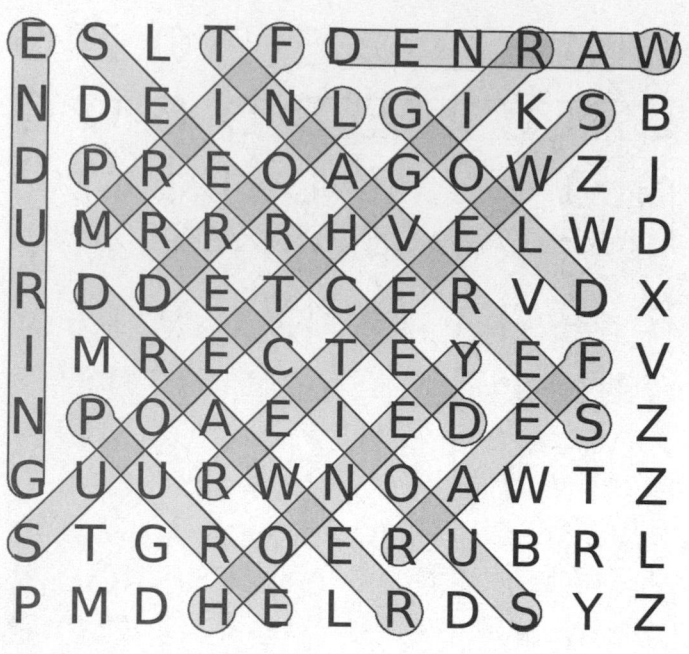

Psalm 20:7-8

Psalm 22:19-21

Psalm 22:27-28

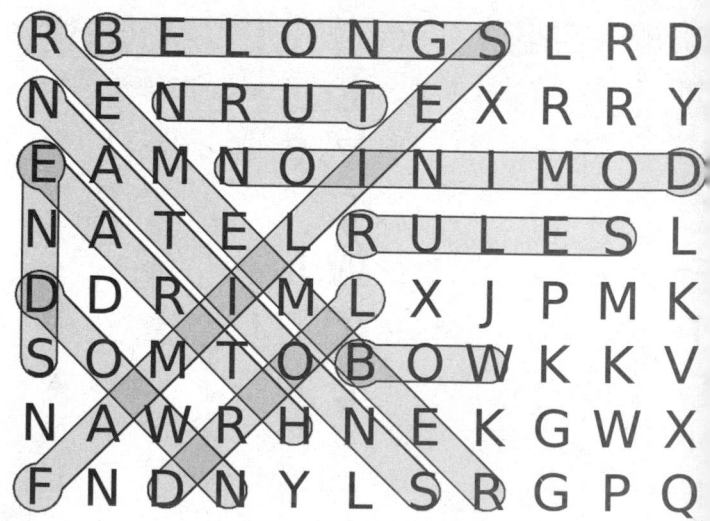

Psalm 23:1-4

Psalm 24:1-2

Psalm 25:4-5

Psalm 25:14-15

Psalm 26:1-3

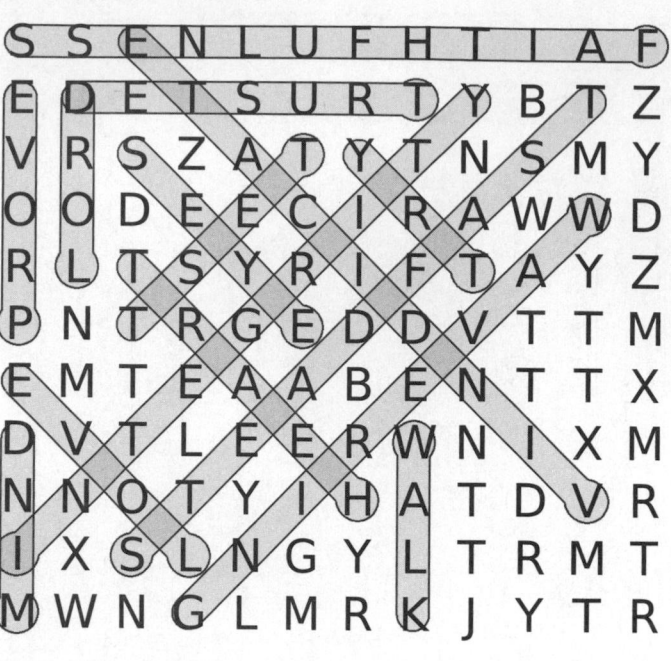

Psalm 27:13-14

Psalm 28:8-9

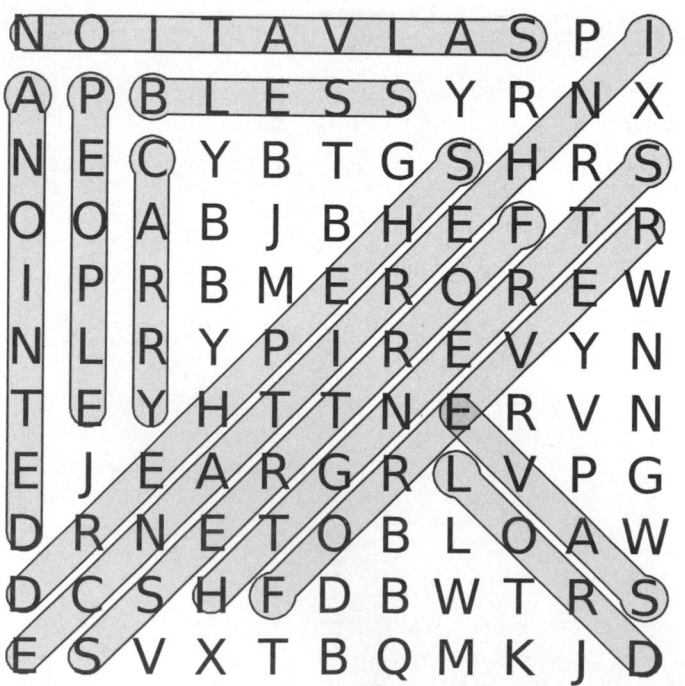

Psalm 29:1-2

Psalm 30:4-5

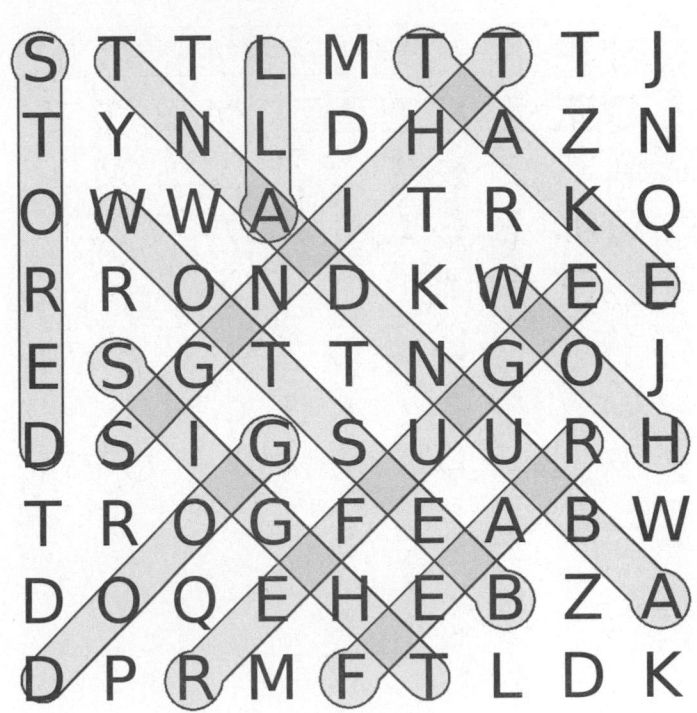

Psalm 31:19

Psalm 32:1-2

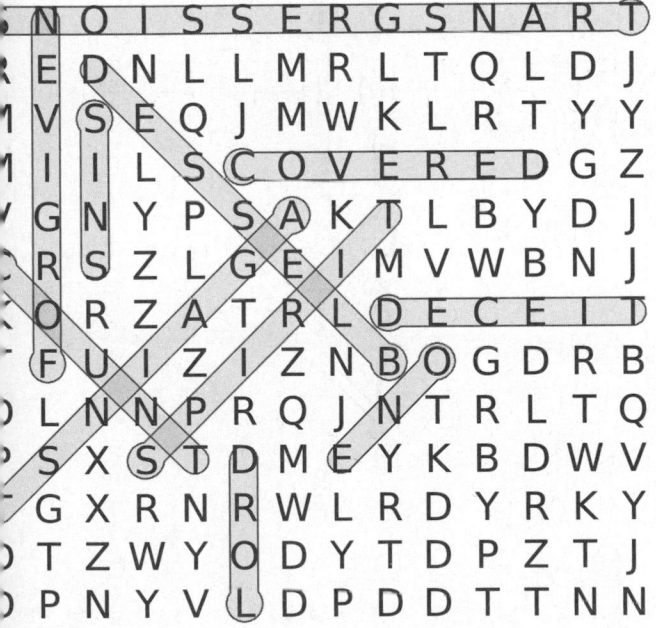

Psalm 33:2-3

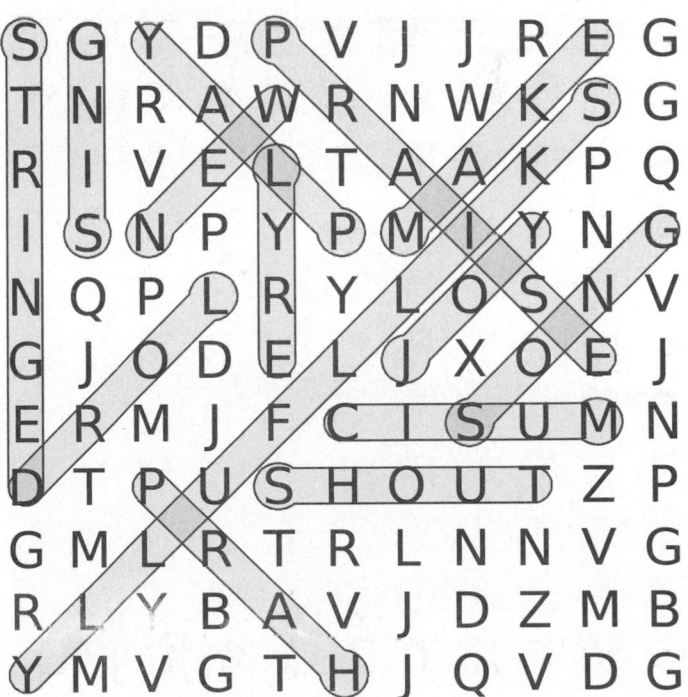

Psalm 33:10-11

```
S N O I T A R E N E G M P
P U R P O S E S N Y V R X
S R F A S S L A V Q N M L
T L L O T N T P E O P L E
R L I A R I A H R P Y P T
A D N O O E E L M M D J R
W D R N F A V R P Y Y W R
H M S O R Y I E K D G Z V
T B N T L F M M R T Q W K
```

Psalm 34:12-14

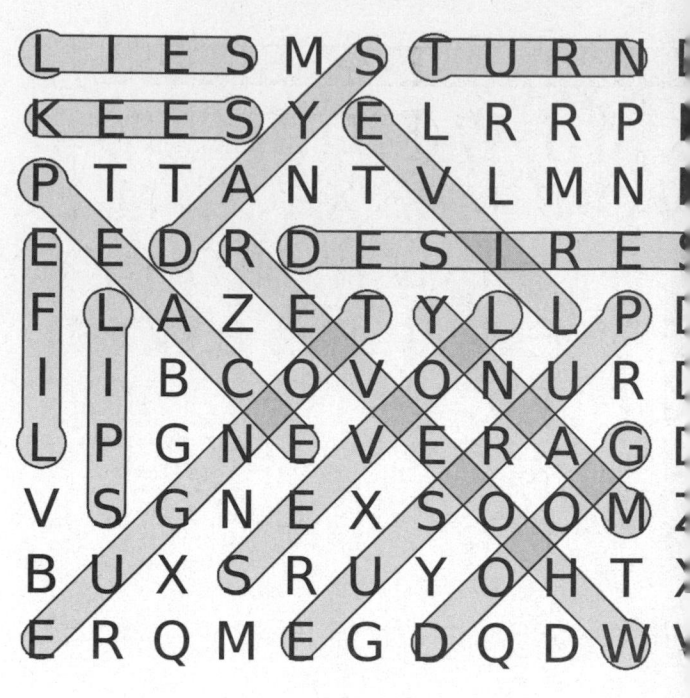

```
L I E S M S T U R N
K E E S Y E L R R P
P T T A N T V L M N
E E D R D E S I R E S
F L A Z E T Y L L P
I I B C O V O N U R D
L P G N E V E R A G
V S G N E X S O O M
B U X S R U Y O H T X
E R Q M E G D Q D W
```

Psalm 35:10

```
D Q V T R Z C E V Q Z
Z J Y J N O N R D H X
Z L Q T M O O R E N L
S B R P B O G L K B Q
T G A R P M P T P Y K
C R N T E L N R T Y R
E Y J O E S A N E J V
T L D S R I C V M R W
O O S O S T E U R O B
R R Q E B R S Z E G Q
P D D L Y Y M R Q S Q
```

Psalm 36:5-6

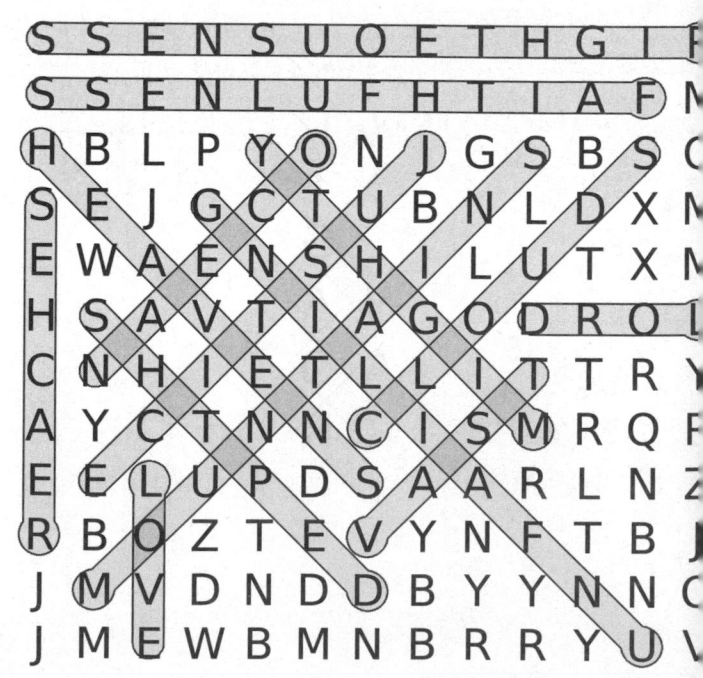

```
S S E N S U O E T H G I R
S S E N L U F H T I A F M
H B L P Y O N J G S B S C
S E J G C T U B N L D X M
E W A E N S H I L U T X N
H S A V T I A G O D R O L
C N H I E T L L I T R Y
A Y C T N N C I S M R Q F
E E L U P D S A A R L N Z
R B O Z T E V Y N F T B B
J M V D N D D B Y Y N Q
J M E W B M N N B R R Y U V
```

Psalm 37:10-11

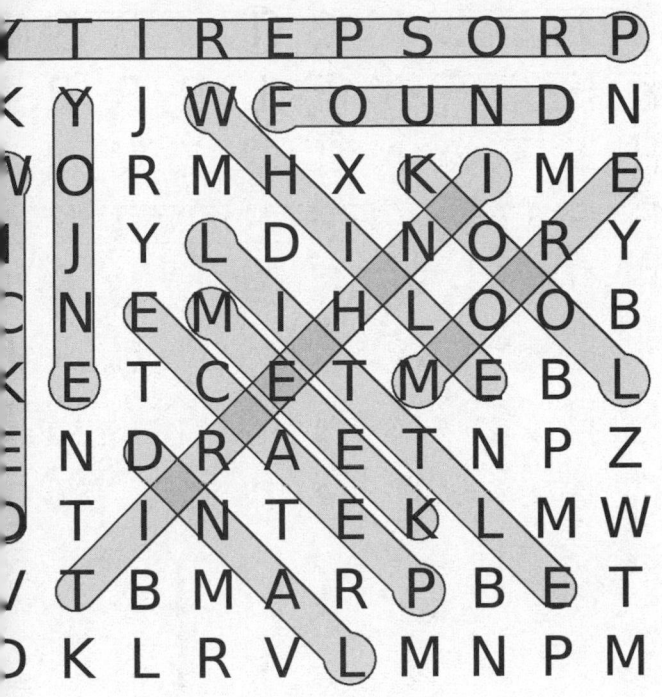

Psalm 38:8b-9

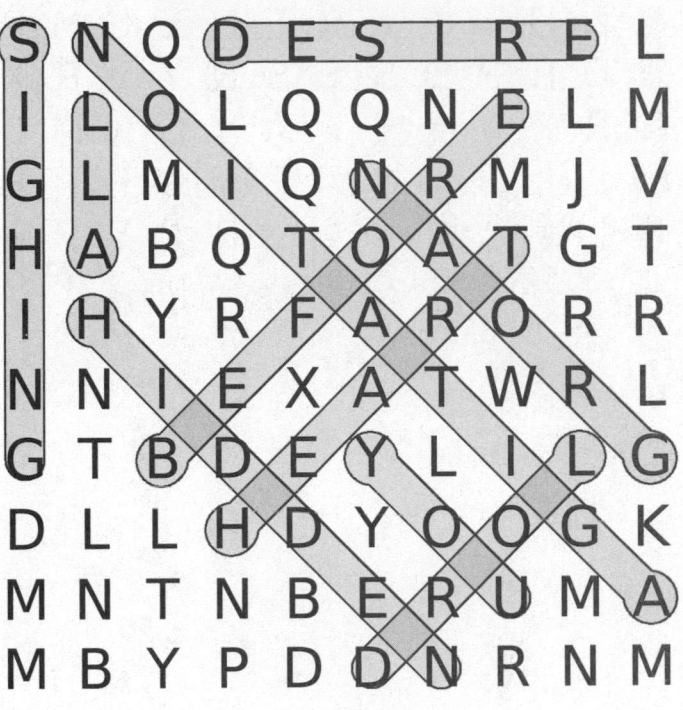

Psalm 40:5

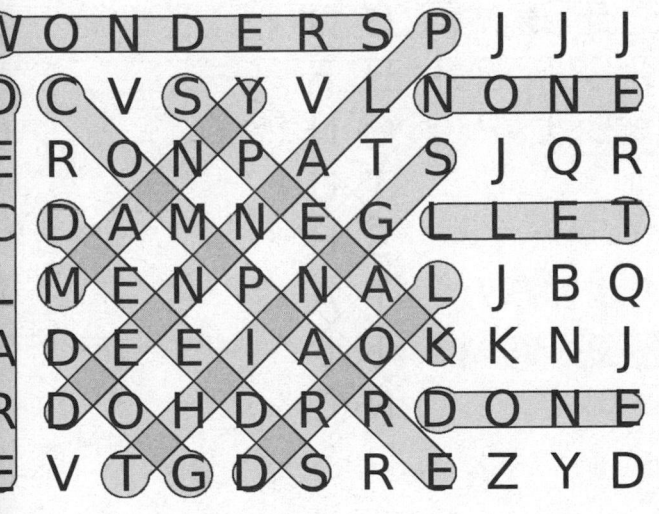

Psalm 40:9-10

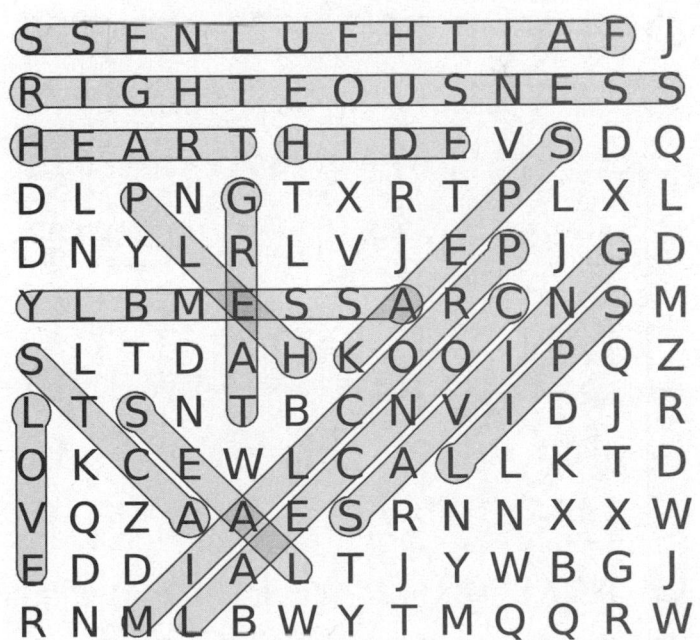

Psalm 41:1-2

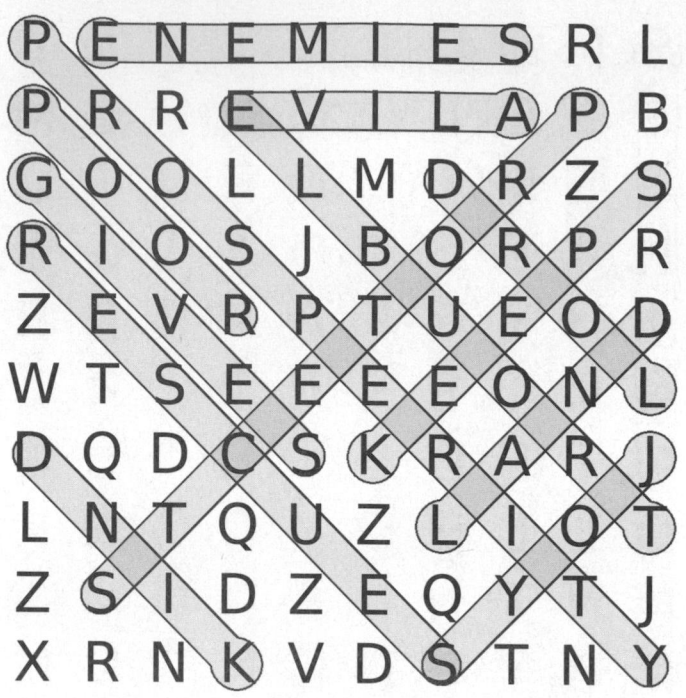

Psalm 42:1-2

Psalm 43:3-4

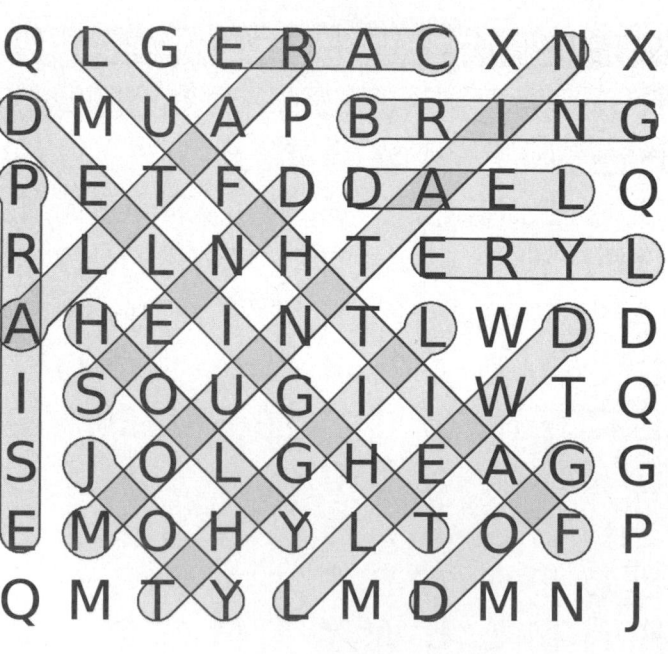

Psalm 44:6-8

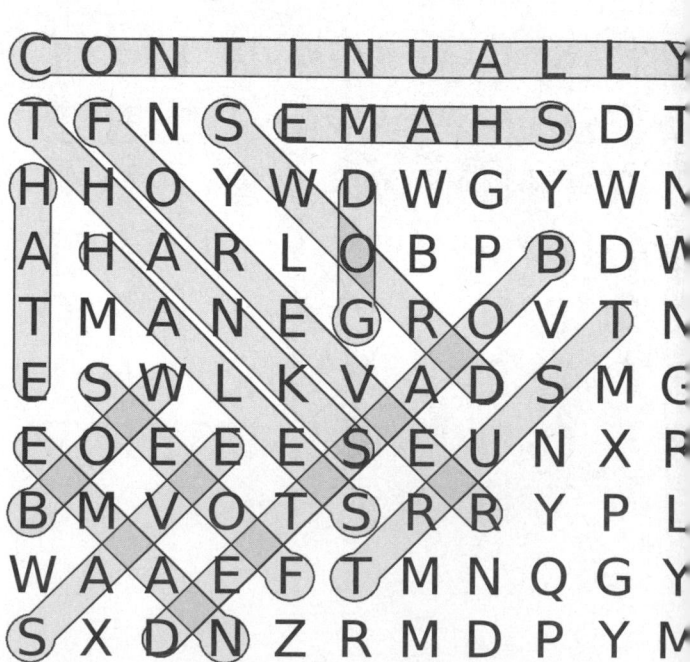

Psalm 45:6-7a

Psalm 46:1-3

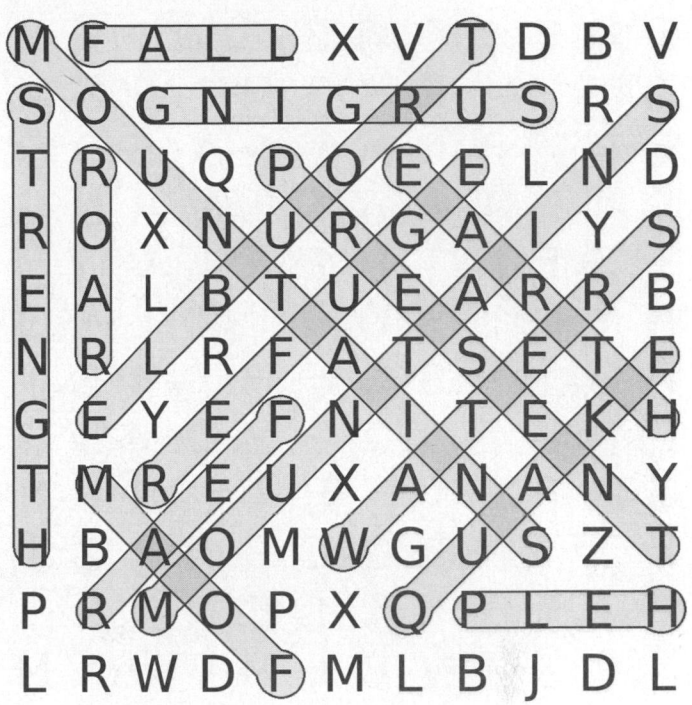

Psalm 46:10-11

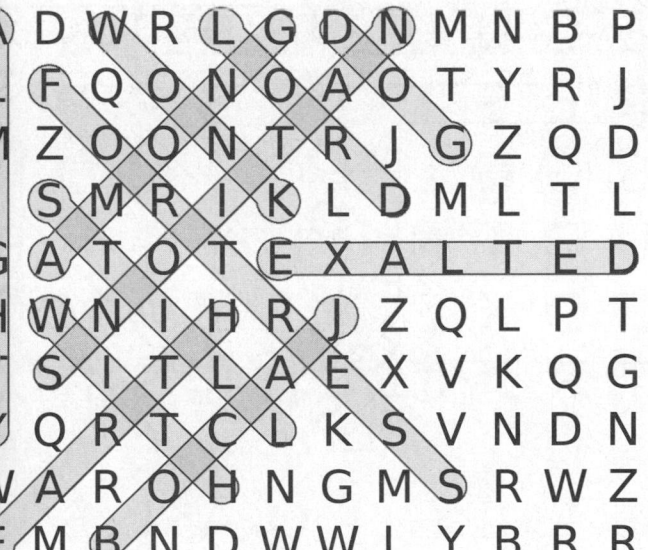

Psalm 47:1-2

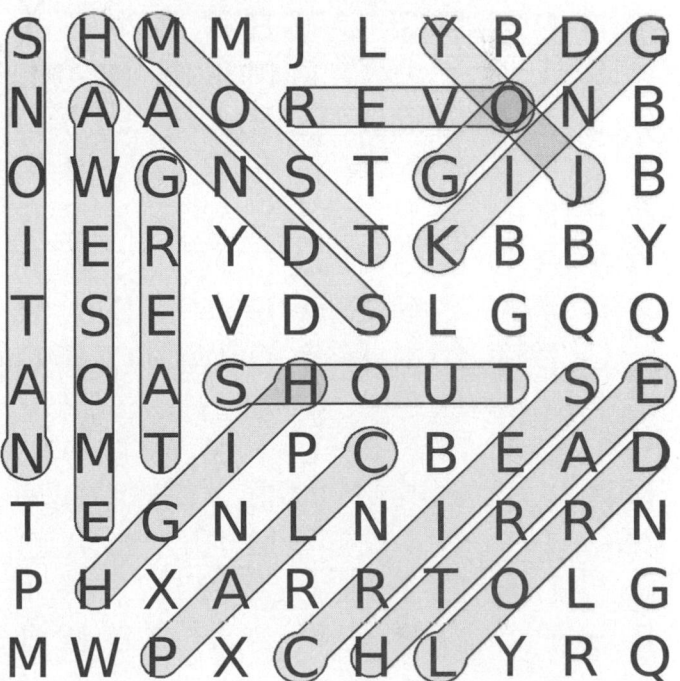

Psalm 48:9-10

Psalm 50:1-2

Psalm 51:1-2

Psalm 51:10-12

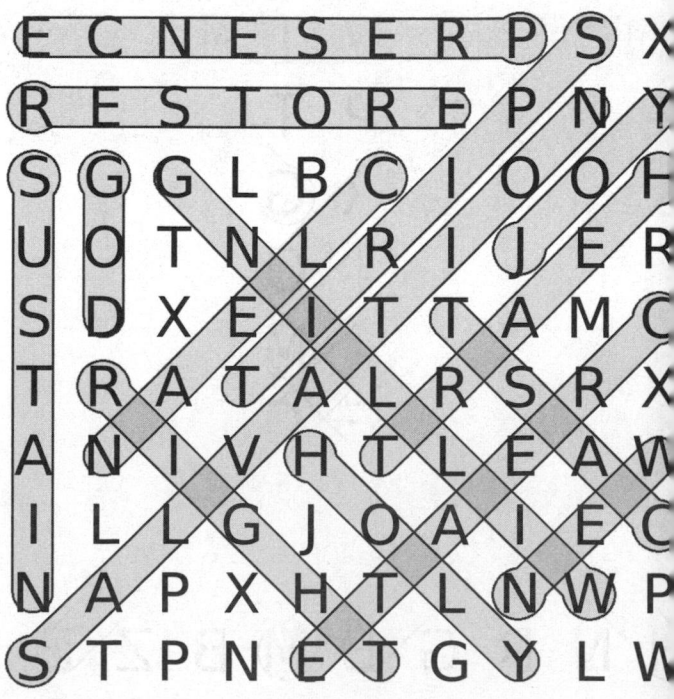

Psalm 52:8-9

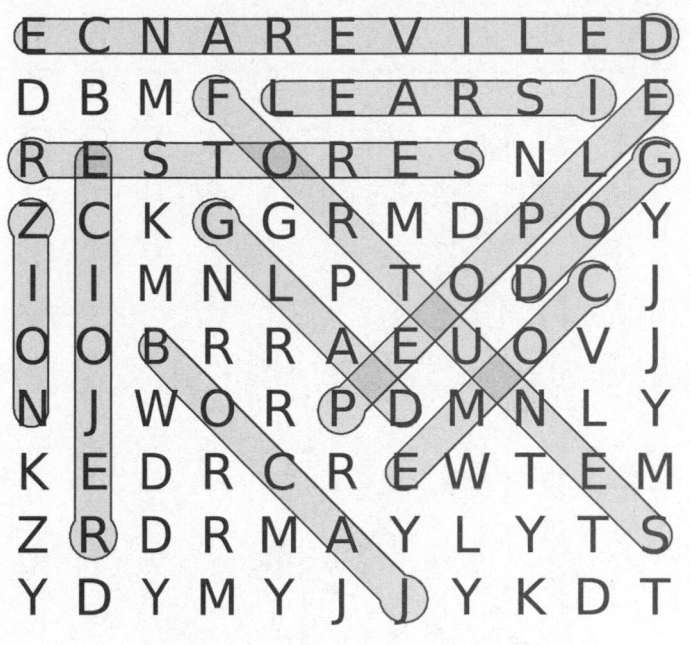

Psalm 53:6

Psalm 54:1-2

Psalm 55:22

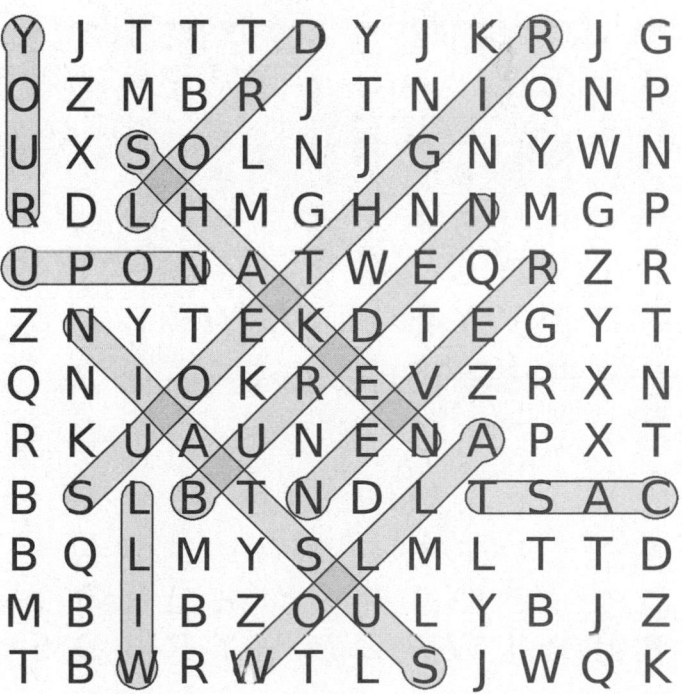

Psalm 56:3-4

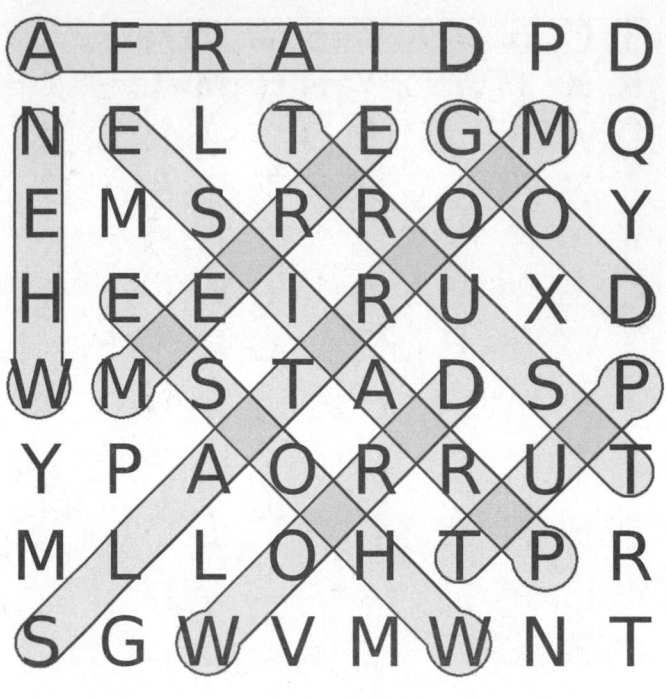

Psalm 56:12-13

Psalm 57:9-10

Psalm 59:16-17

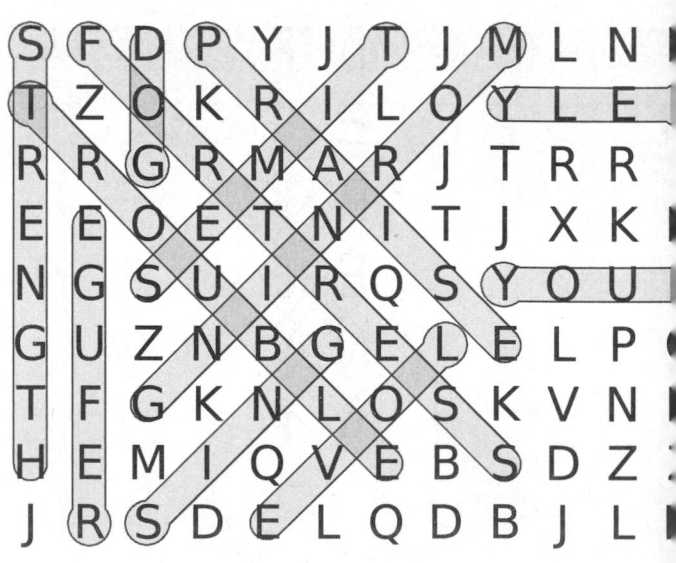

Psalm 61:2-3

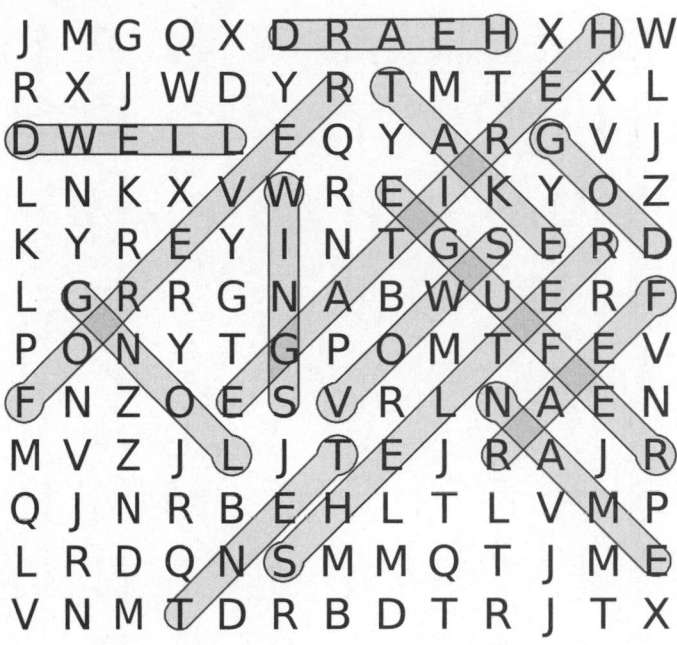

Psalm 61:4-5

Psalm 62:1-2

Psalm 63:1

Psalm 63:3-4

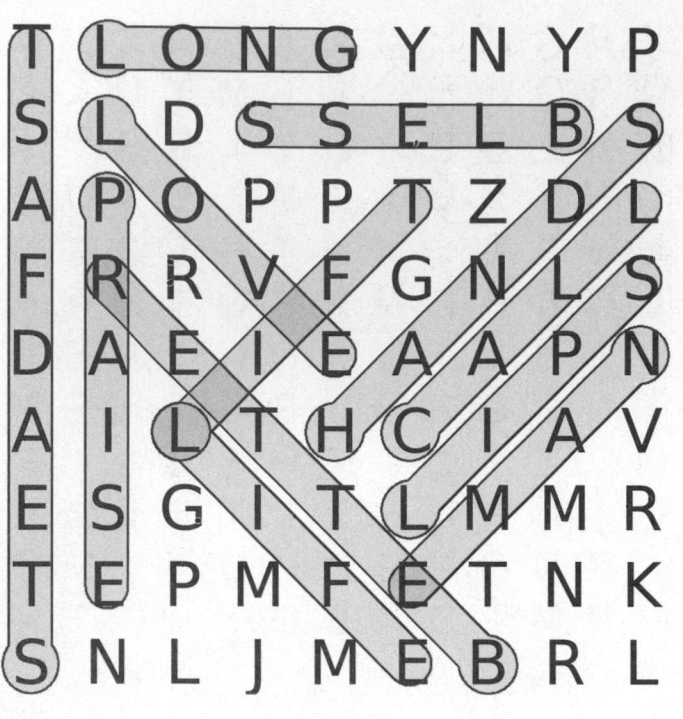

Psalm 65:4

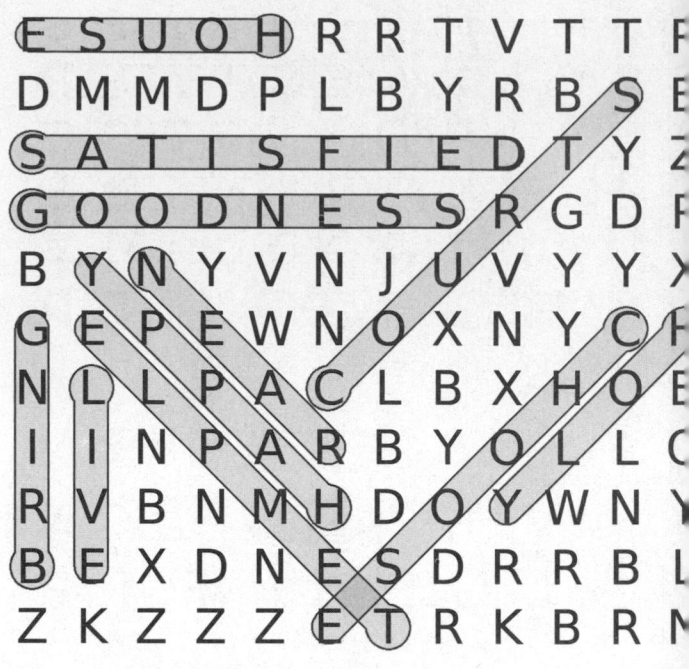

Psalm 65:5

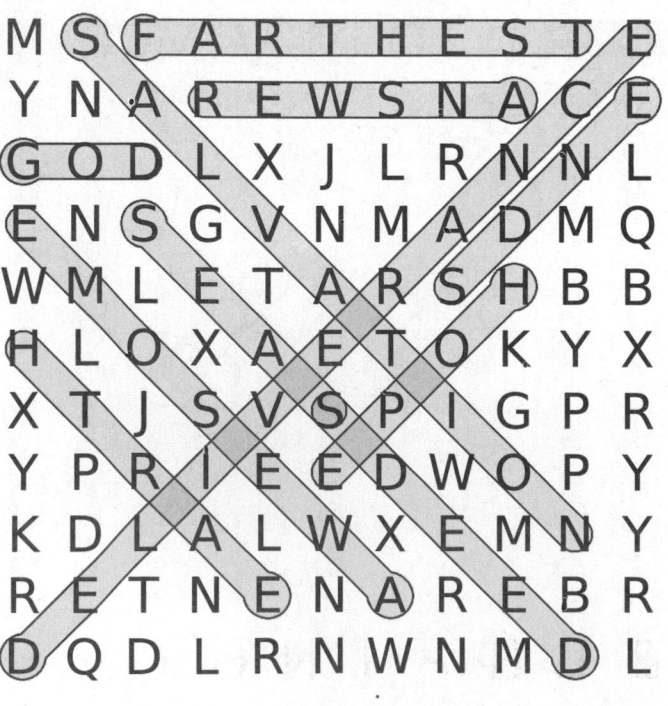

Psalm 66:3-4

Psalm 67:1-3

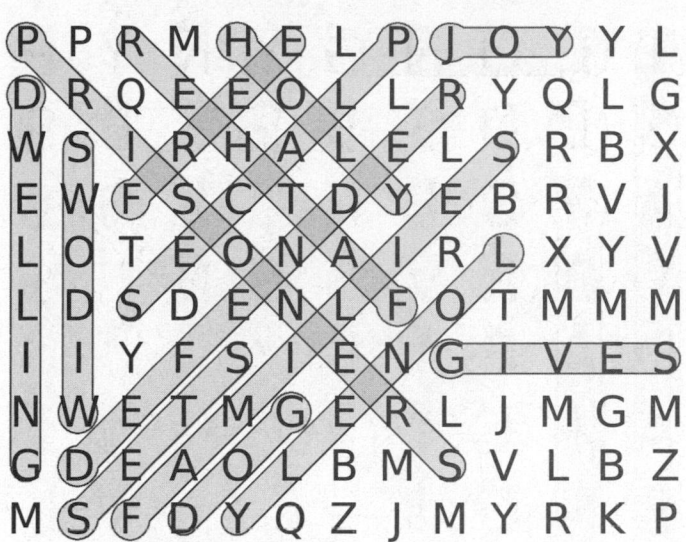

Psalm 68:5-6a

Psalm 68:19-20

Psalm 69:14-15a

Psalm 69:32-33

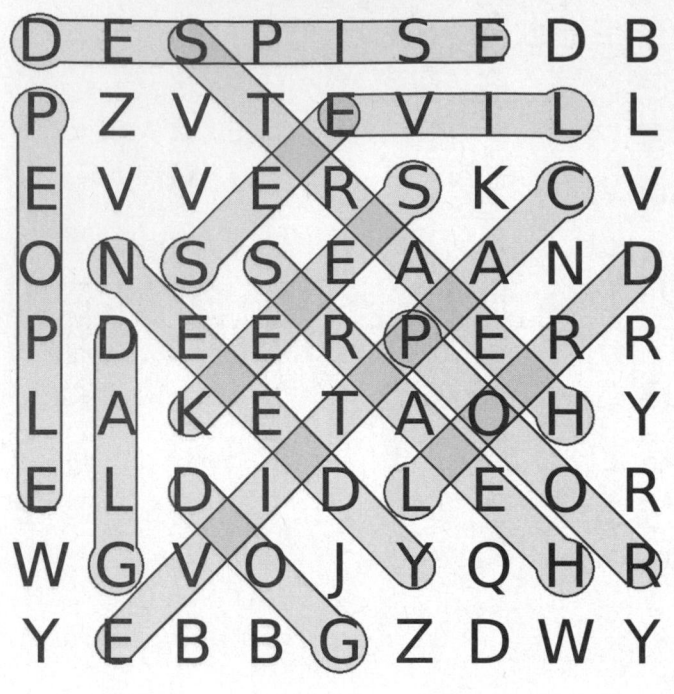

Psalm 70:1-2

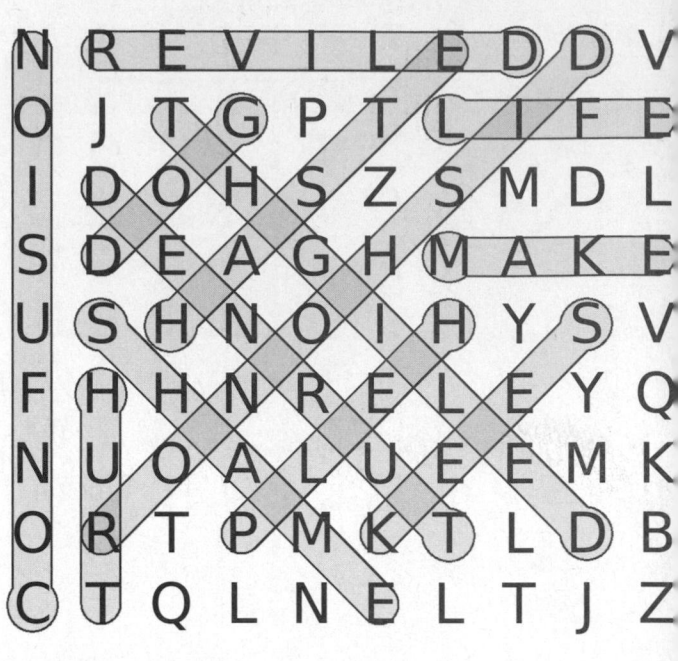

Psalm 71:14-15

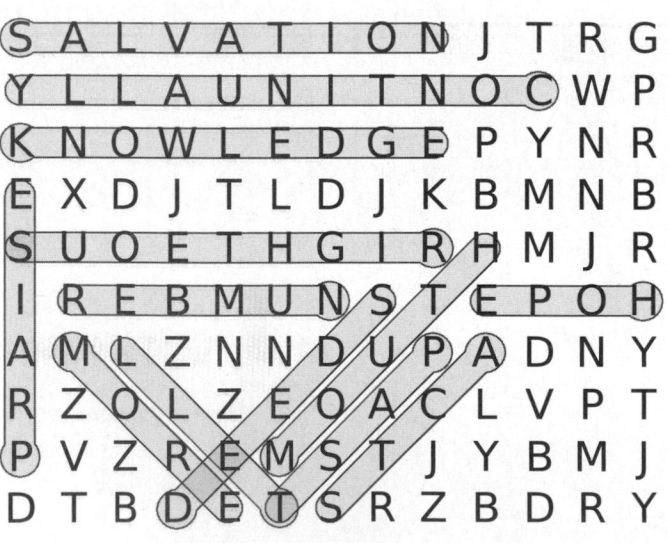

Psalm 71:17-18

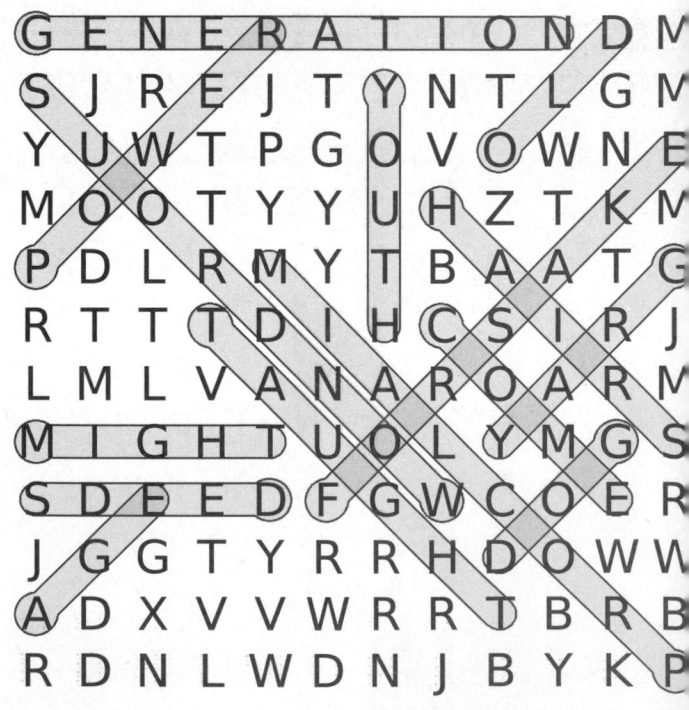

Psalm 73:23-25a

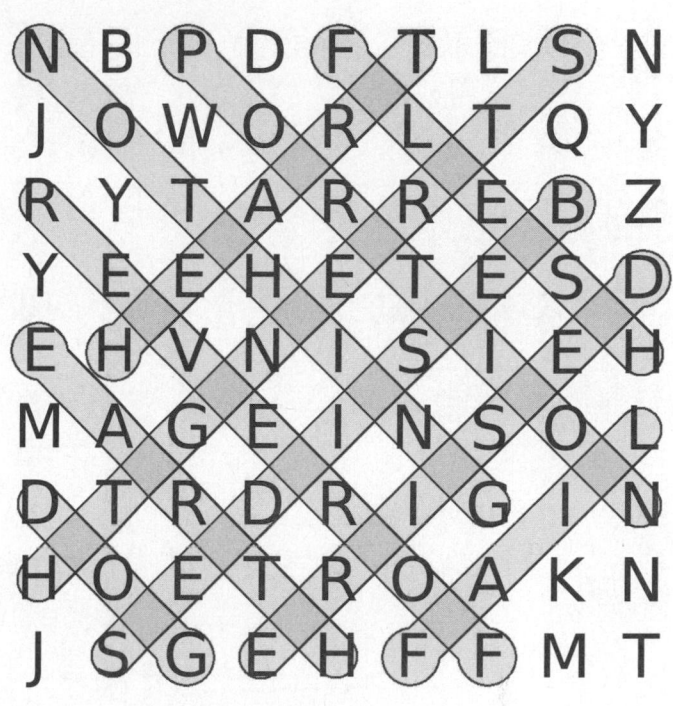

Psalm 73:25b-26

Psalm 74:16-17

Psalm 77:13-15a

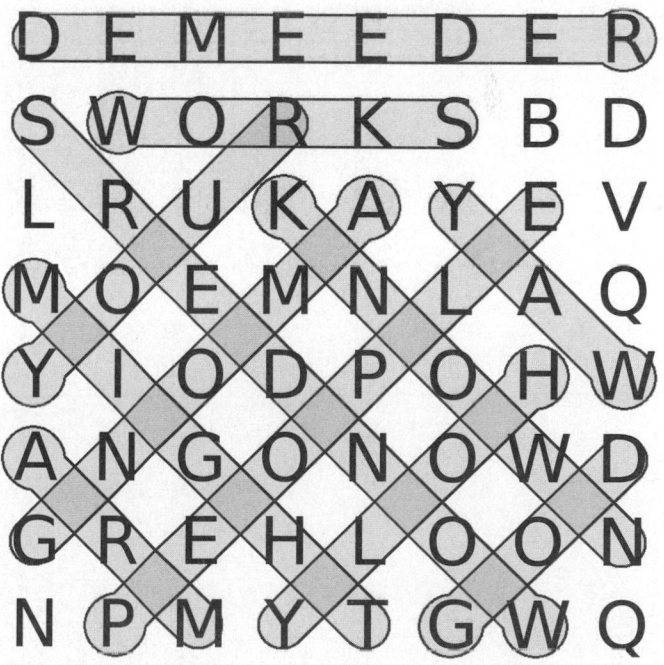

Psalm 77:19-20

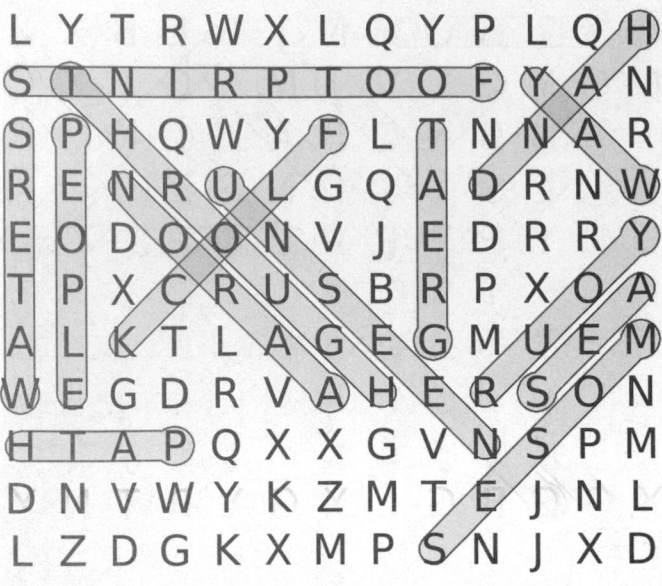

Psalm 78:4

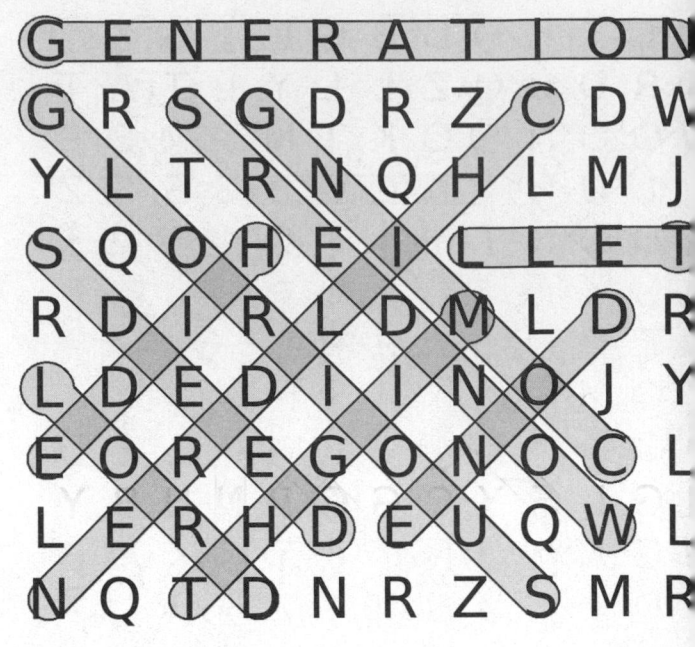

Psalm 79:8b-9

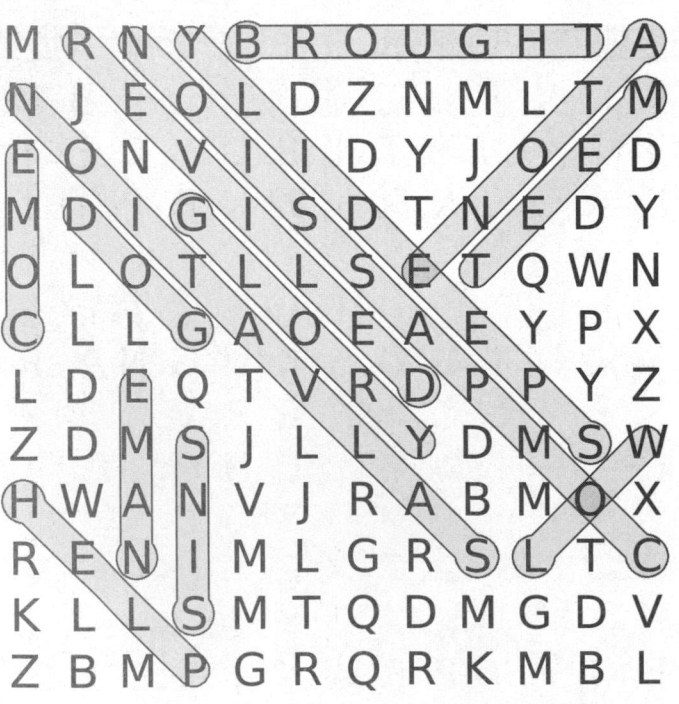

Psalm 80:8-9

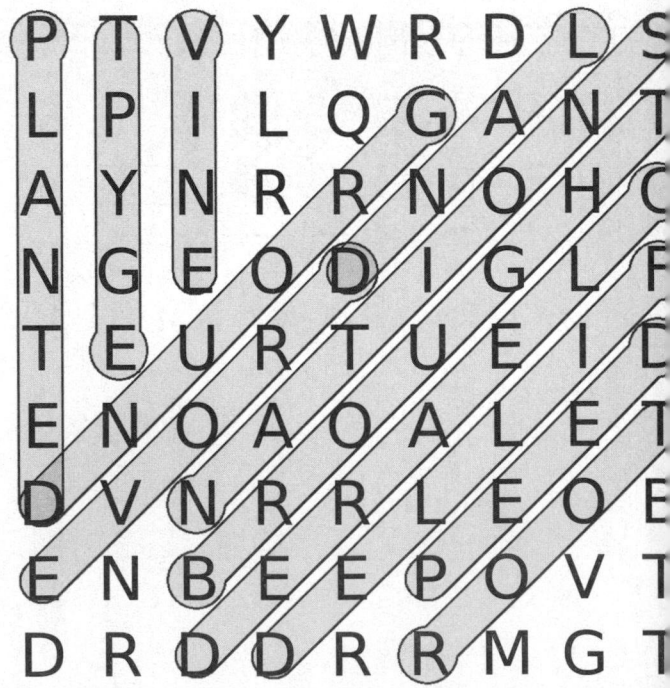

Psalm 81:1-2

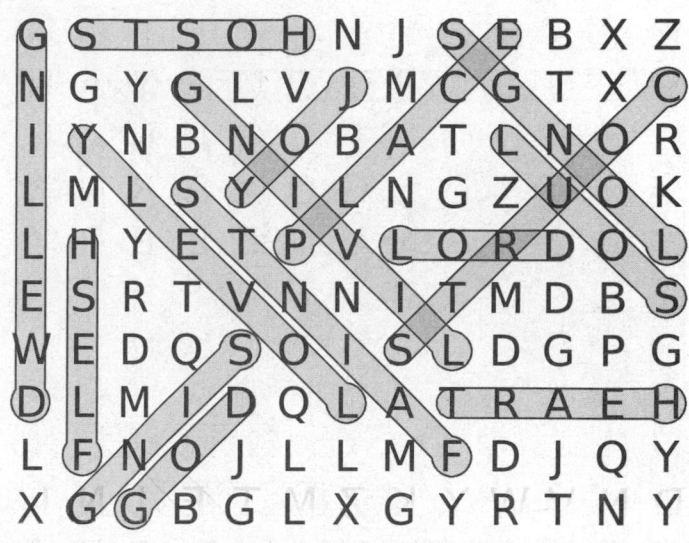

Psalm 84:1-2

Psalm 84:3

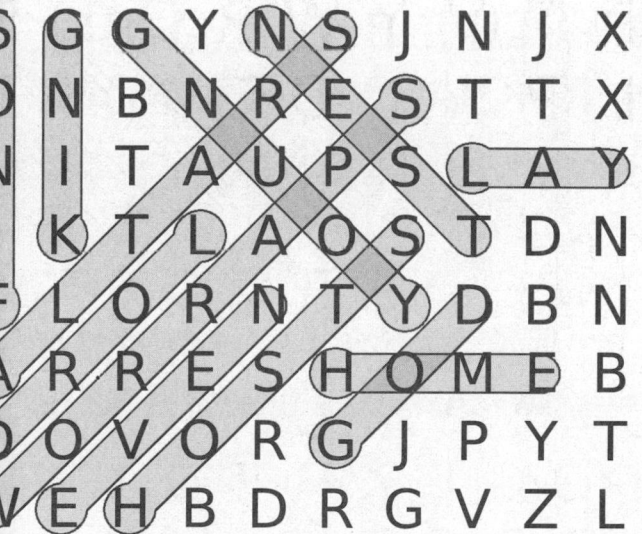

Psalm 84:10

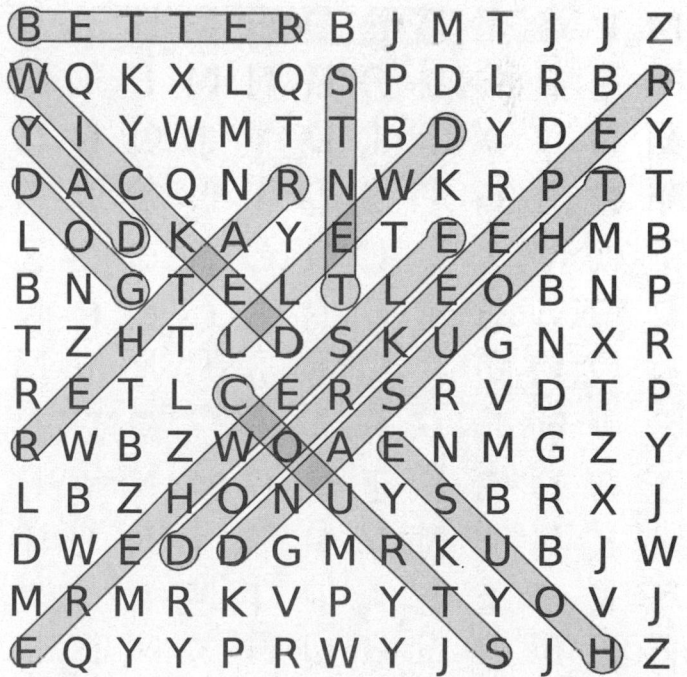

Psalm 84:11-12

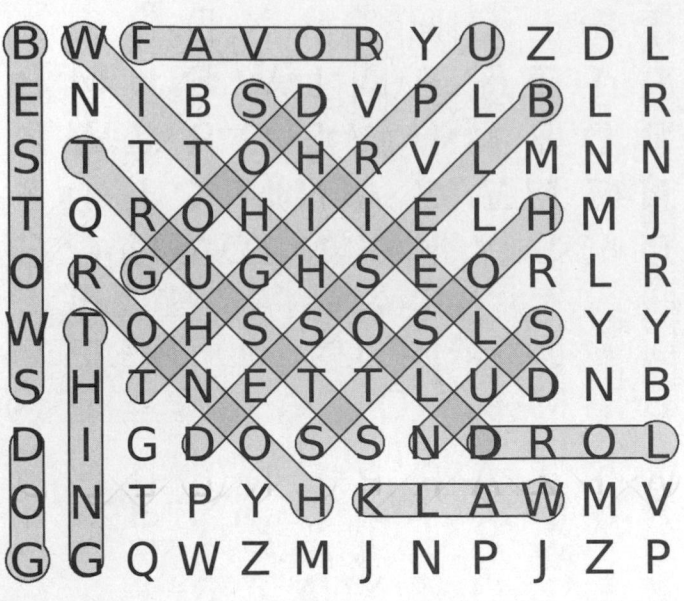

Psalm 85:10-12

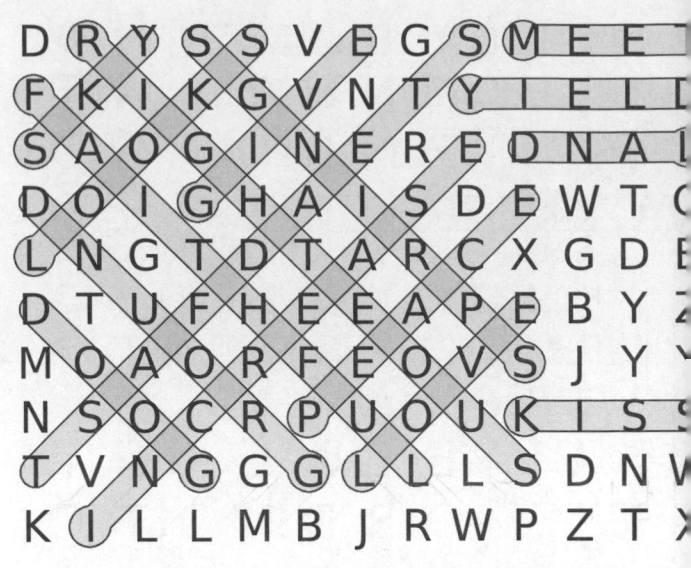

Psalm 86:1-2

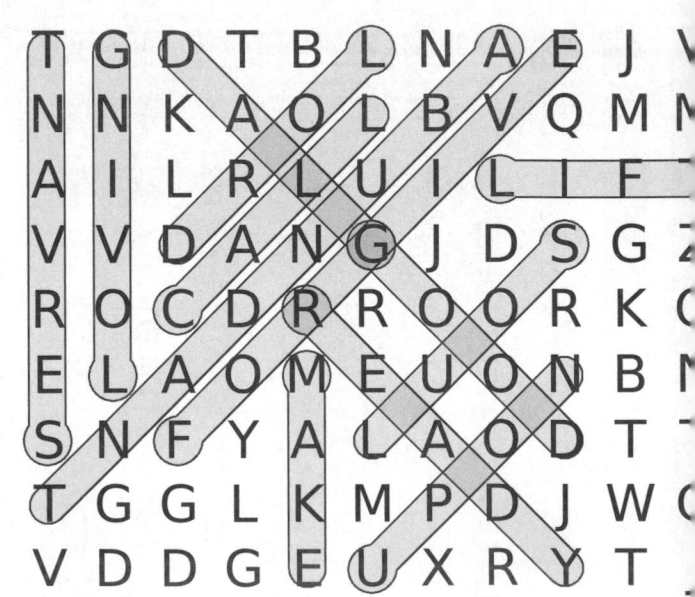

Psalm 86:4-5

Psalm 86:9-10

Psalm 86:11-12

Psalm 89:5-6

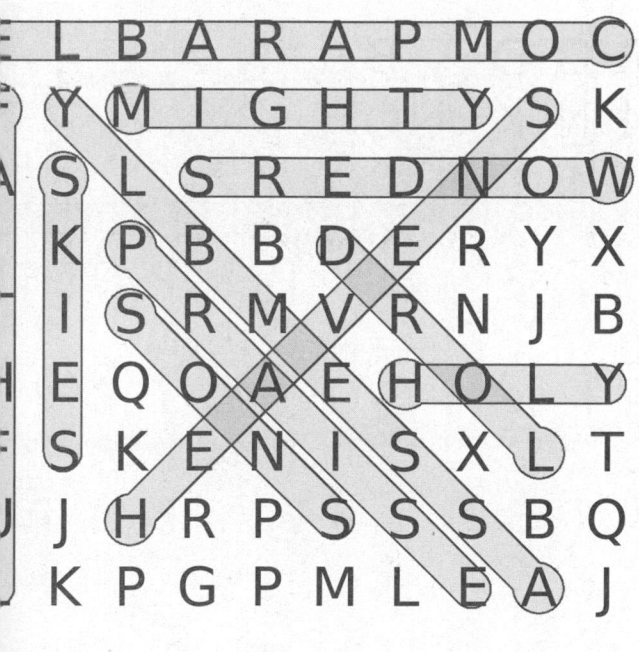

Psalm 89:11-12

Psalm 89:13-14

Psalm 90:1-2

Psalm 91:1-2

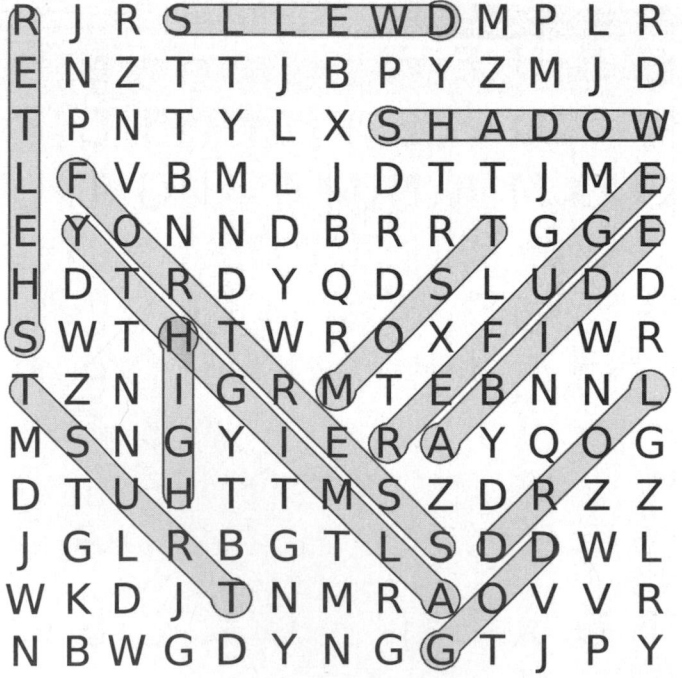

Psalm 91:11-12

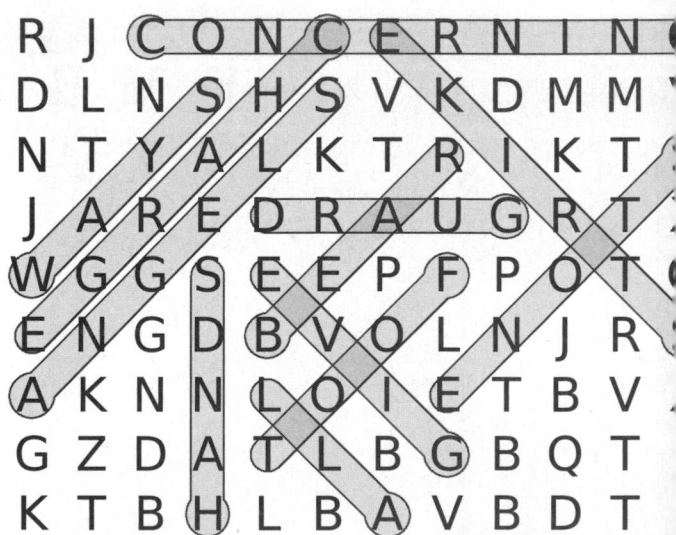

Psalm 92:1-2

Psalm 92:4-5

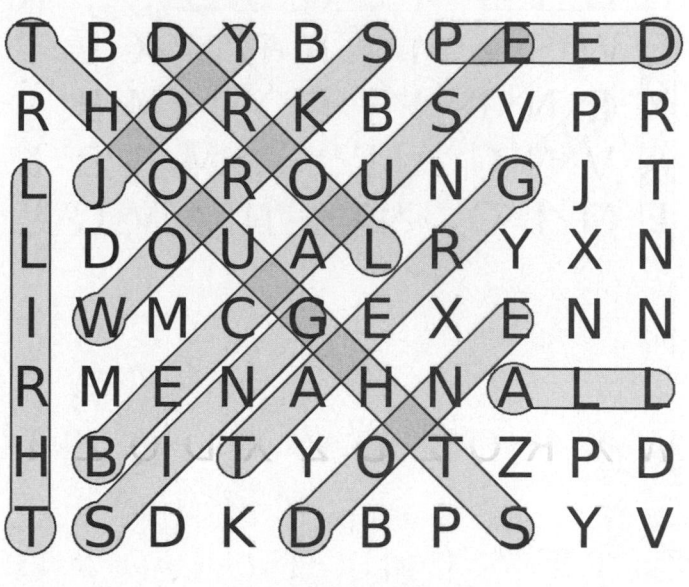

Psalm 93:1

Psalm 94:14-15

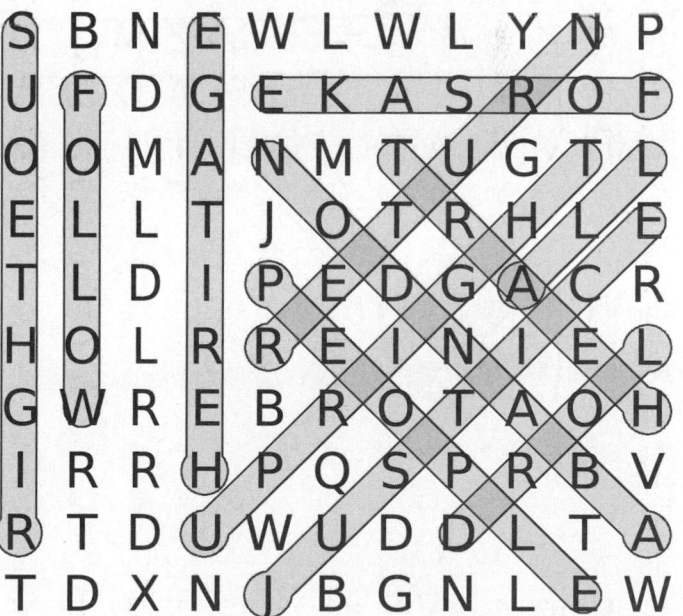

Psalm 94:18-19

```
S R R L G S O U D D K V T
W N S L I P P I N G R O E
J M O N T J N Z Q E O V V
T R L I R M Q N E F O X R
R S M G T N D H Y L X T N
L L A N H A C B N M V Q P
C L R F Z E L D A Q Q B J
A M P G D M A O M H L D L
R Q T N N A Y R S Z E O R
E M V W N R E T T N R L D
S G T T J M X T G D O X D
R X D G B L N W S L R C L
```

Psalm 95:4-5

```
S T H G I E H Y R D I
M O U N T A I N S D Z
S H T P E D E A R T H
J D X L Y E N Q D B V
P Q A M D N N A G B
D N K A Q R T P H A
D V Q D L O B G E T Y
M M Z E T F B S W T M
```

Psalm 95:6-7

```
M D R J W G G R J Y B D
L R M P B L T Z D Y K V
M O L P M P Z N P L K V
E L P O E P A E C Z T B
Q W W L B H E S K O E P
Q O M O J H Y N T F M M
B R W Z S R E D O U A E
T S N V Z E Z R P K R J
D H L W L N E M E Z D E
R I J D O G G R Y P Q
B P G G V D P B T D T T
```

Psalm 96:2-3

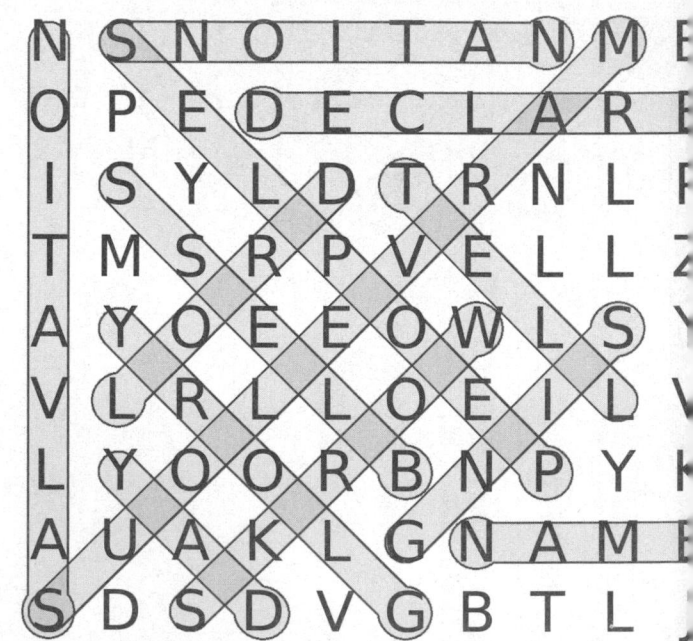

```
N S N O I T A N M E
O P E D E C L A R E
I S Y L D T R N L
T M S R P V E L L Z
A Y O E E O W L S V
V L R L L O E I L
L Y O O R B N P Y K
A U A K L G N A M E
S D S D V G B T L
```

Psalm 96:8-9

```
O F F E R I N G D E Y A
V Z B E L Y N D L Y S J
J X A O L J J B S C G T
V R R O Y P M P R J C D
T D H Z I E L I B O J Y
L N S H R E B G M J Q B
Z O S T N E M E N R N V
N R R D R L G Y L I Q D
O Y O Y Z U N B L M R G
V R B V Z Q N O N N Y M B
T Y R K V P Y C T Y K G
```

Psalm 96:10

```
S F R E V E N L T L D W D
N I I M X Q G O T E J D D
O R L Q B R B G R E X E P
I M T K D R D D V Y H V R
T L Q X B U X O W S G L M
A Y V J M M B I N D L W
N Y P J Q T Q L O M W K T
R T D E L J B M G Q D T M
B I Y T O A A N Y L N D T
R U Z A T P I X R B K T Q
T Q Q S S K L O W Z R Q P
W E E W W J W E T B J W D
```

Psalm 97:10

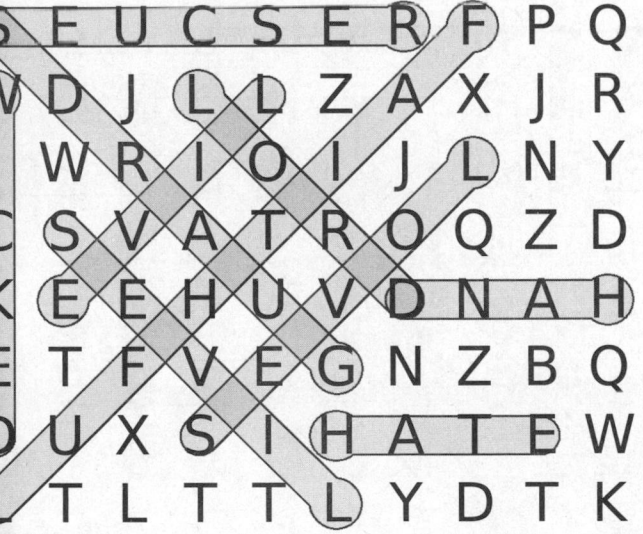

```
S E U C S E R F P Q
V D J L L Z A X J R
W R I O I J L N Y
S V A T R O Q Z D
K E E H U V D N A H
T T F V E G N Z B Q
U X S I H A T E W
T L T T L Y D T K
```

Psalm 98:8b-9

```
R L E P E O P L E S D W K
I N Y C B Y L J D D L M Y
G R B N N J Y U B P T R G
H G E B N E V D L L K N Y
T N H H V Y S G M J R K N
E I D T T R E N Z T G L
O M H L R E T K R R T O N
U O G I R A G V B P R R Y
S C W M L O E O K D B T X
S M Q X R L W J T Y I Y T
N I N B D Y S P D U Y T V
D L N R Y T W W Q B Y O R
V T N G R K K E N V L N J
```

Psalm 99:1-2

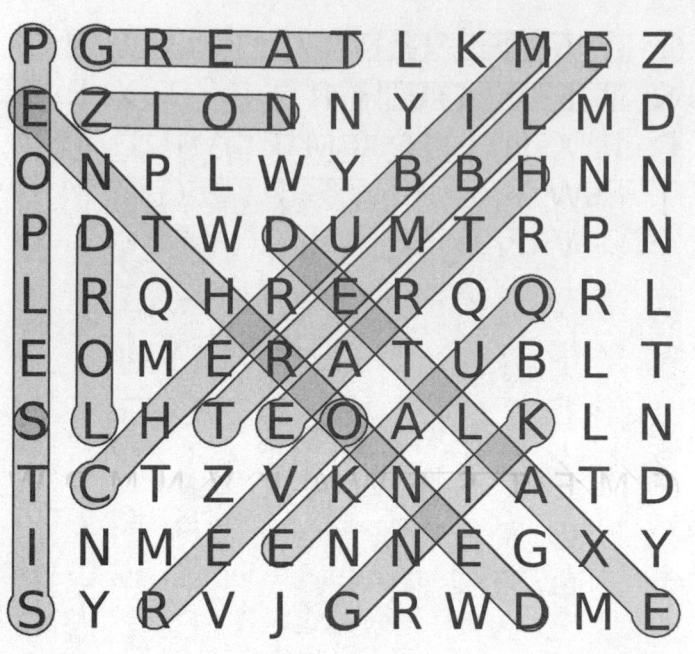

Psalm 100:1-2

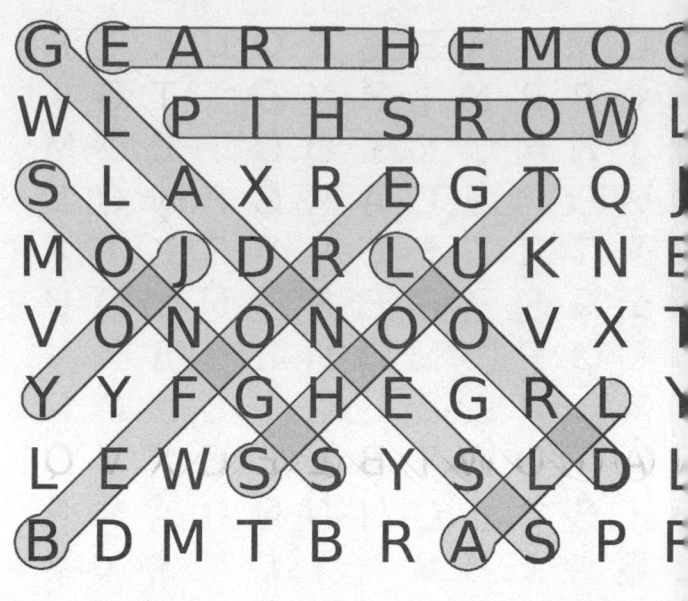

Psalm 101:3b-4

```
P H Q L L D Q T T F
E K E I L R T A L
O S V A A A I D G
P E R P R T H N K
L F P E H T I S Z
E Q A L V H Q T M
L T E R T R A D W
T S A O Q H E J B
S N N H W Y M P R
```

Psalm 102:15-16

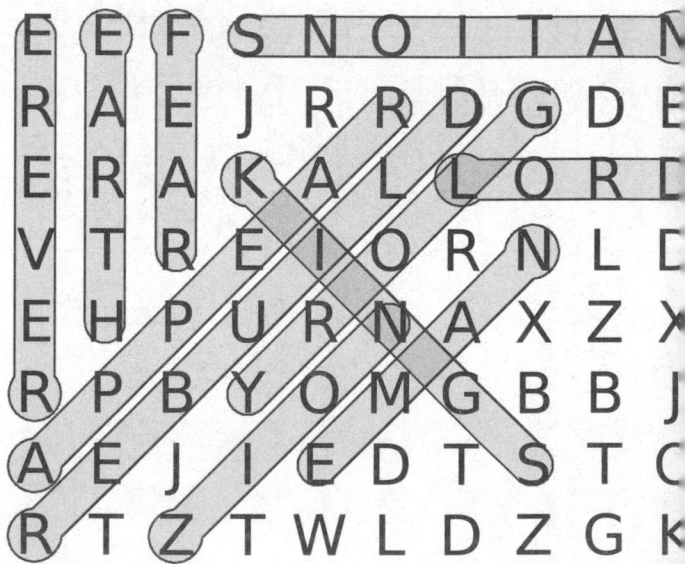

Psalm 103:8-10

```
C O M P A S S I O N A T E
L R R X J R Y S T T D K
J N M J Y K D Q I E I M
S U O I C A R G S N Q L
R T Z J E T V E I Y S X
E G N R A S R Q H L M Q
G X P E M V U A Y B T N
N J R L E I R C N M Z X
A T O W T B L E C X V Q
J R L I O N N O P A P K
D N E R R L Y L V A X V
V M S M N M N S B D E Y W
```

Psalm 103:11-12

```
T R A N S G R E S S I O N S
S N E V A E H R L Y T X B T
D B X N L H X M K P R D M T
T E W V F I T S A E G D M R
P D V E D G E R J W M Q T D
Y V A O A H Q A N T Z Y P P
T R D B M N T B R D G L Y X
T Z O B T E J L T T M L Z W
Q V T A T T R R O X H B W W
E M E T S E W A K V M P M T
M R Q B Q V Z F R V E D T G
G L D T D D J Y X L V Y Z M
```

Psalm 104:2-3

```
S T R I D E S C S T T W
L N W Q D H T T Z T J
O D E U A R O S Y M G
R B O M E I R W G N R
D L B T R E R E P P U
C E C A T A T H G I L
R H H A P S G N I W B
E C W S B E A M S D B
T E N T O N I W R D M
```

Psalm 104:33-34

```
M R G R K T L G D R X Y
E Q N V P W P R K N J Y
D V I L Q R O A M N V R
I Z S X J L L Y L V Z Y
B A R P L P V Z R Z M
A G E V E R G J Y D V K
T L N G J A N L I V E
I T P N R G O I D K M
O E O R O T W I S S R L
N L F D X B T Y C E T B
N X B I L W X K T E J Q
G R Y R L R R R R B D K V
```

Psalm 105:8-9

```
G E N E R A T I O N S
M A H A R B A C S T W
Q S T N Q L O R H C G
F W A L N V E O A E N
R O O R E B U A S Z D
B R R N M S S I X T Z
T E A E A I M T L J R
Y N M N V O X A D L X
T E D V R E Y V D M D
R M Z P L Z R M V E P
```

Psalm 106:47

```
E G N O M A E R B N
V X G N T S X N Y J M
I S G L I G A V D Q E
G L K A O T D L L L D
A R R N I R O N A M E
T P E O A R Y H R D E
H D N V D H O N L Q Z
E S O P A L T W R Q T
R Y Y G Y S Q Y B L L
```

Psalm 107:8-9

```
Y J R Z L B X R T J D B V T
H D D R S T Y W H Y L D M L
D U G W Y E P J I S N Q T D
P Y M R O M I J N X L S N M
D W Z A G N M F G G A L L L
T R O D N X D T S F O G I B
Y H O R R K H E D I K O G F
R D I L K A I A R Q T M D L
G R D R N S E N Y F B A N Z
N L B C K S T M Q D M U Y S
U Y T J S T L O V E X L M Y
H M T M L L Y B D Q B M V M
```

Psalm 107:28-29

```
V R Y L M D R R A W L D
D R X J J R B R Q E E K
E I E L B U O R T I S M
H Y S Y Y R L T R G B Z
S L B T J W O C S X K T
U T Y R R X L U M A D E
H D W S Q E R N G Y V L
Z J D T E T S J D H O T
W M V I V V Q S W R T E
M B R L W B A N D B T Y
X J N L D D D D W G M N Z
```

Psalm 108:5-6

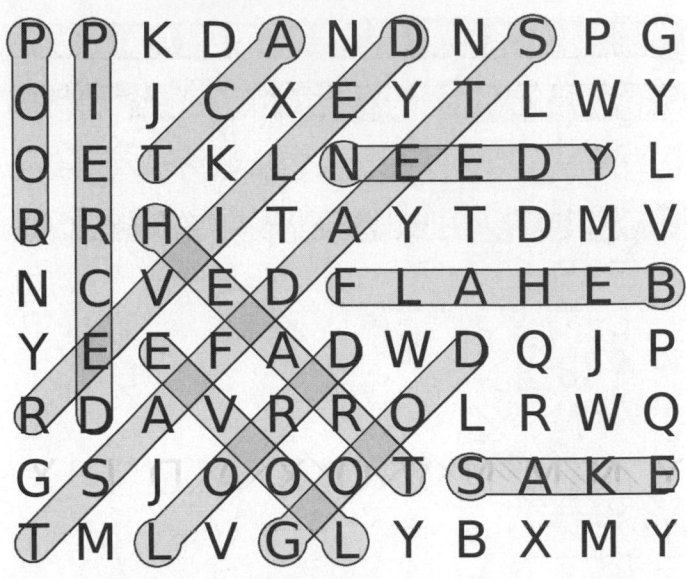

Psalm 109:21-22

Psalm 111:2-3

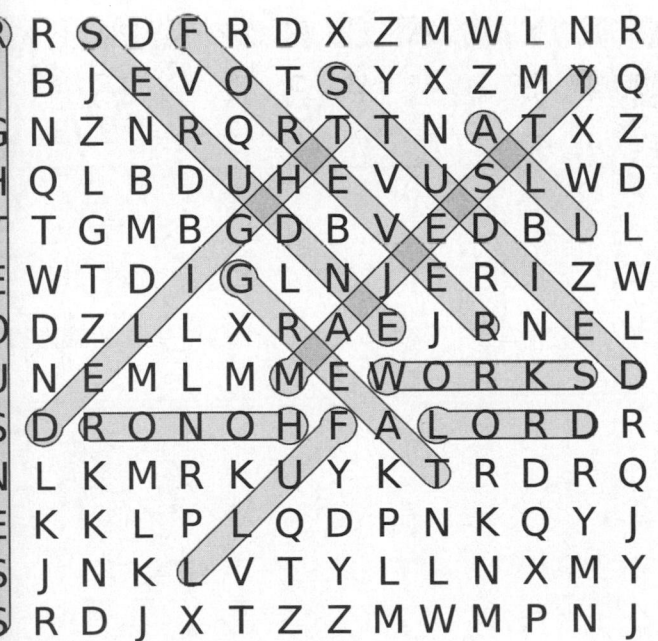

Psalm 111:9-10a

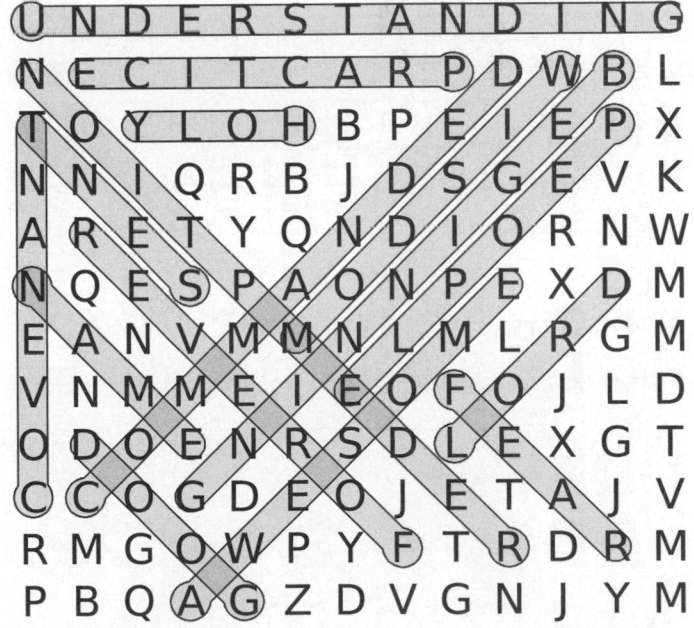

Psalm 112:1b-2

```
U P R I G H T D W L Y Y R L
V W N J Q N G R L Y X G X J
T S N Z N N M O V M E D C M
Q Z T L D I Y L M N D O Y M
G X T N G K Z T E R M P Y R
R P F H A P L R Y M P P T T
E D T E N D A V A A R Y D R
A Y B J A T N N H B K E M L
T J N L I B D E K Y L D A L
L N P O E M X J C I G N R X
Y N G E S K Y G S D Y K Y
D Z T N W M S H K D E V X B
B K T P G R T E T Q N D Z B
P S Q T N Y K N D Y W M D W
```

Psalm 113:2-3

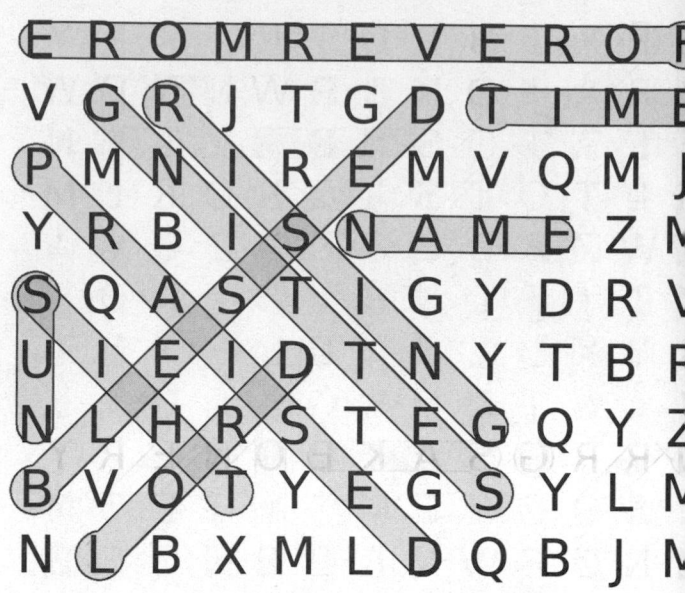

Psalm 113:7-8

```
T W M A K E B B Q
S E S I A R T K
S E C N I R P Z
T G Y T P E B T
F R I D O A S N
I S O P E U E A
L D L O D E S H
N E Z D P H N L
```

Psalm 114:7-8

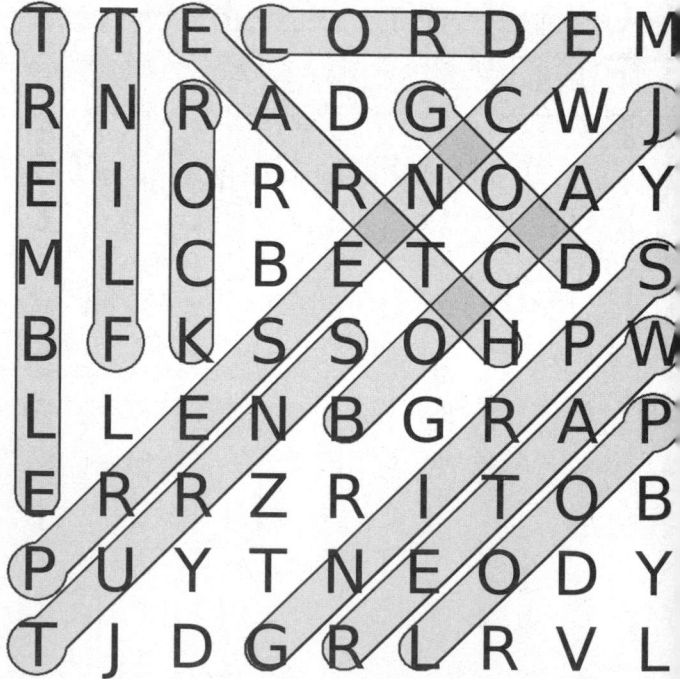

Psalm 115:1-2

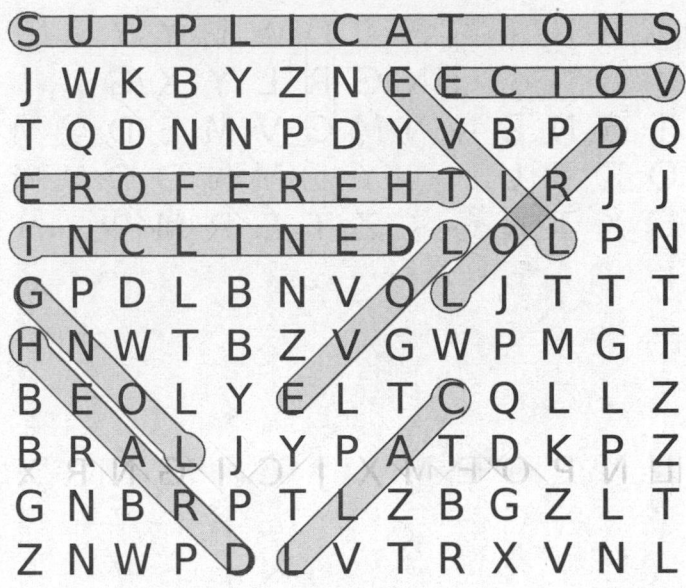

F Y T B P D J P Y K T Y
R A J D Y J P W M N D W
L R I T S N O I T A N N
L T Q T S L O R D R L M
W Z B D H A N N T G S J
T J E L K F F P N A O B
B M V L R X U D Y X K D
A N I D D Y W L A Q K Y
R R G S A K E O N E R Y
B O R J Z M Y V T E T Y
N Z L W N R P E N Q S S
Q V L G R Y W Z M Q P S

Psalm 116:1-2

S U P P L I C A T I O N S
J W K B Y Z N E E C I O V
T Q D N N P D Y V B P D Q
E R O F E R E H T I R J J
I N C L I N E D L O L P N
G P D L B N V O L J T T T
H N W T B Z V G W P M G T
B E O L Y E L T C Q L L Z
B R A L J Y P A T D K P Z
G N B R P T L Z B G Z L T
Z N W P D L V T R X V N L

Psalm 116:12-14

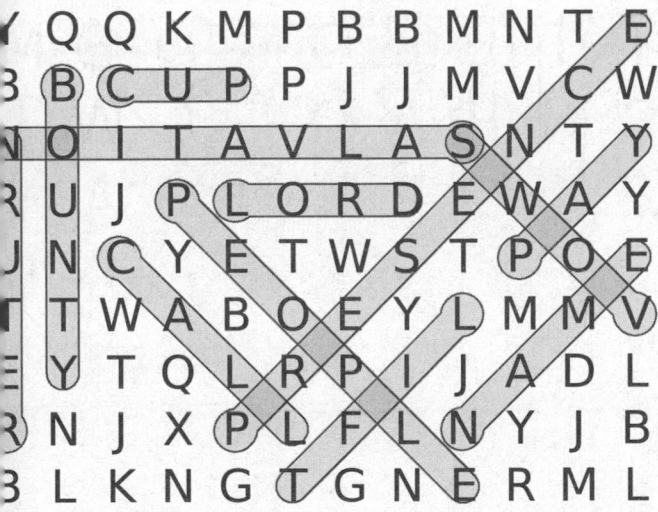

Q Q K M P B B B M N T E
B C U P P J J M V C W
N O I T A V L A S N T Y
U J P L O R D E W A Y
N C Y E T W S T P O E
T W A B O E Y L M M V
Y T Q L R P I J A D L
N J X P L F L N Y J B
L K N G T G N E R M L

Psalm 117

S S P Y W Q V D T K P V D
E T N Q T R D S Q E P F D
R A L O V E A Q O L A T J
U E F T I F D P G I T L X
D R O P D T L E T X N L X
N G R A G E A H S W Y R N
E N E T S Y F N N I J D Y
T T V K E U D X R D A W L
S W E Y L X J L R T Q R B
P M R N V M T O V T G J P
B M E B L N L O G D R R N
N S J M D L D N L L T M W
S N T T W V N D L R Z N Q

Psalm 118:5-6

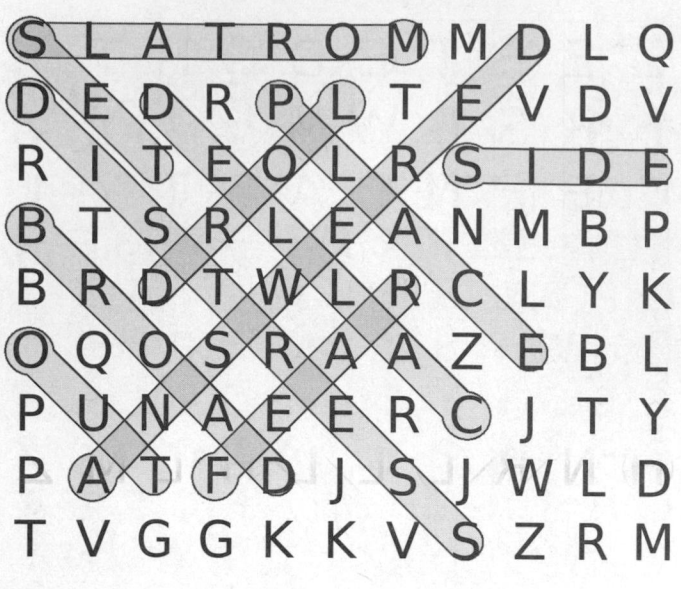

Psalm 118:22-23

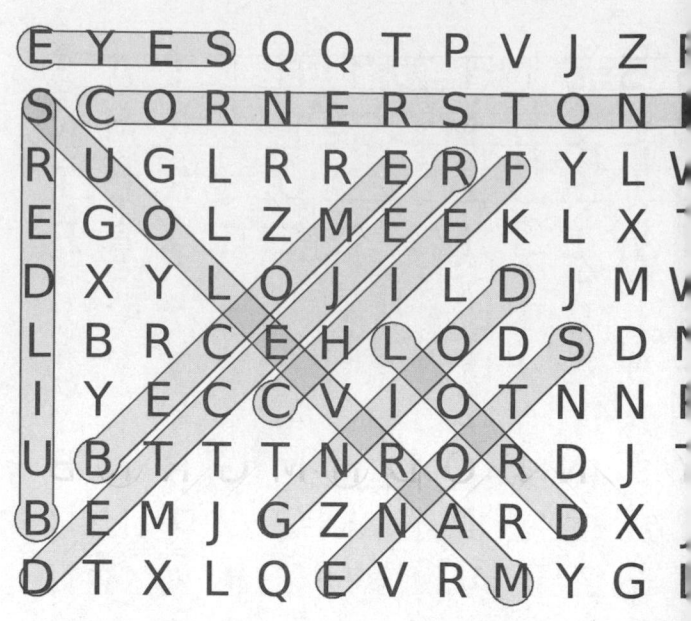

Psalm 119:1-3

Psalm 119:54-55

Psalm 119:75-76

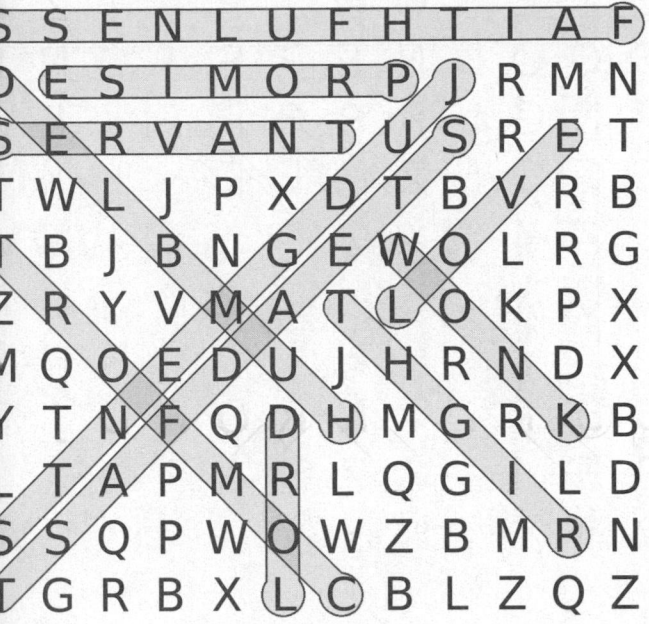

Psalm 121:1-2

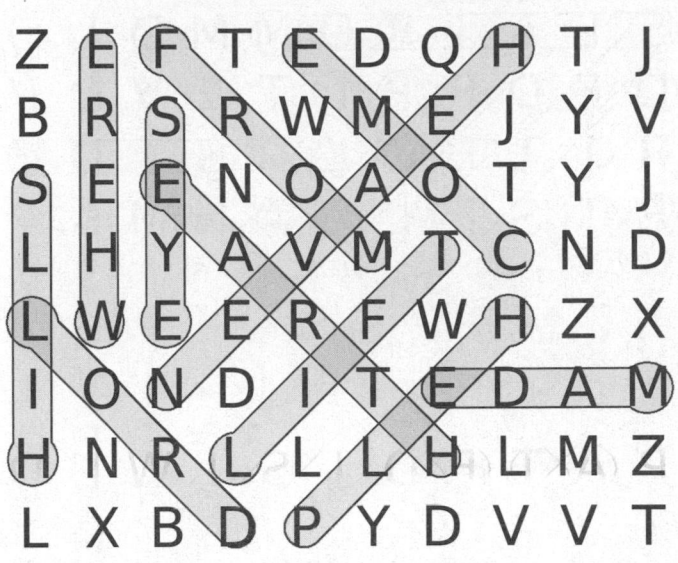

Psalm 121:5-6

Psalm 125:1-2

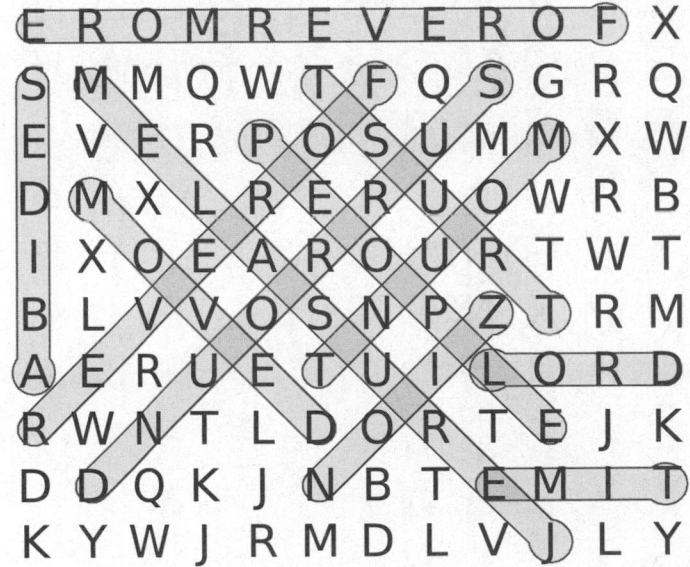

Psalm 126:5-6

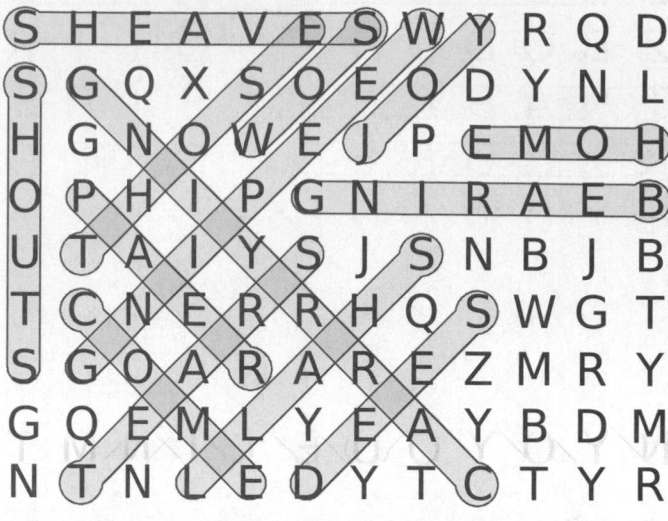

Psalm 127:1

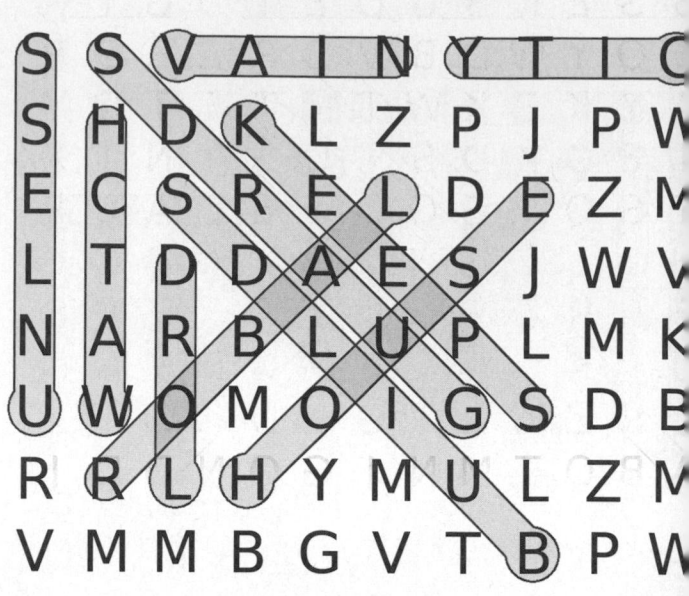

Psalm 130:3-4

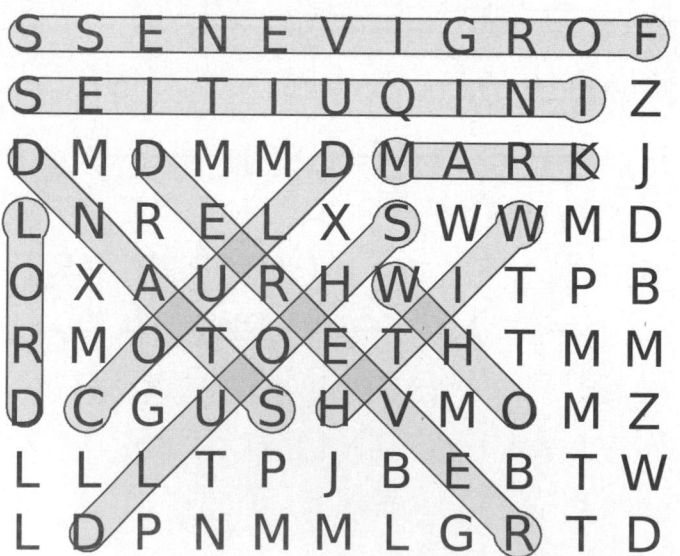

Psalm 131:1b-2a

Psalm 132:8-9

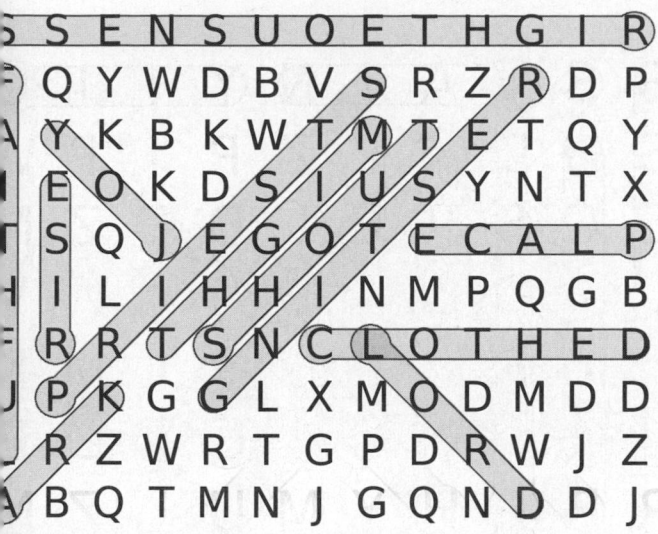

Psalm 133:1-2

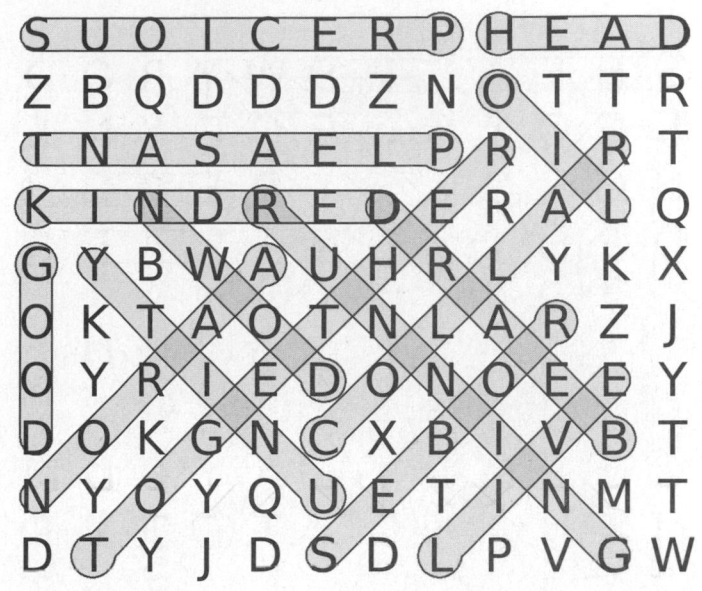

Psalm 134:1-2

Psalm 135:5-6

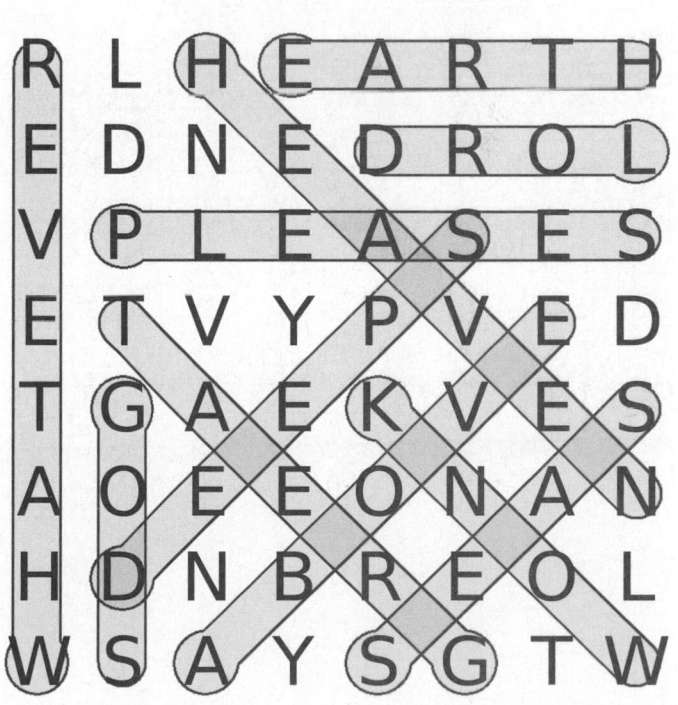

Psalm 135:13-14

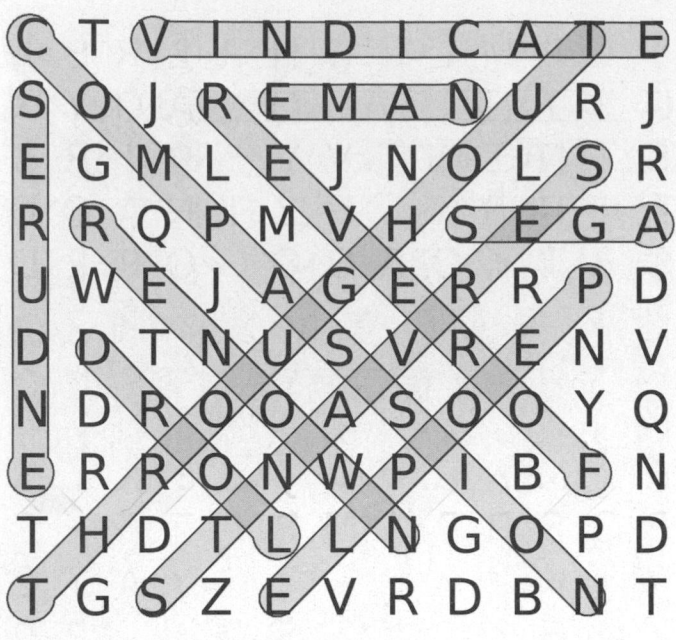

Psalm 136:3-4

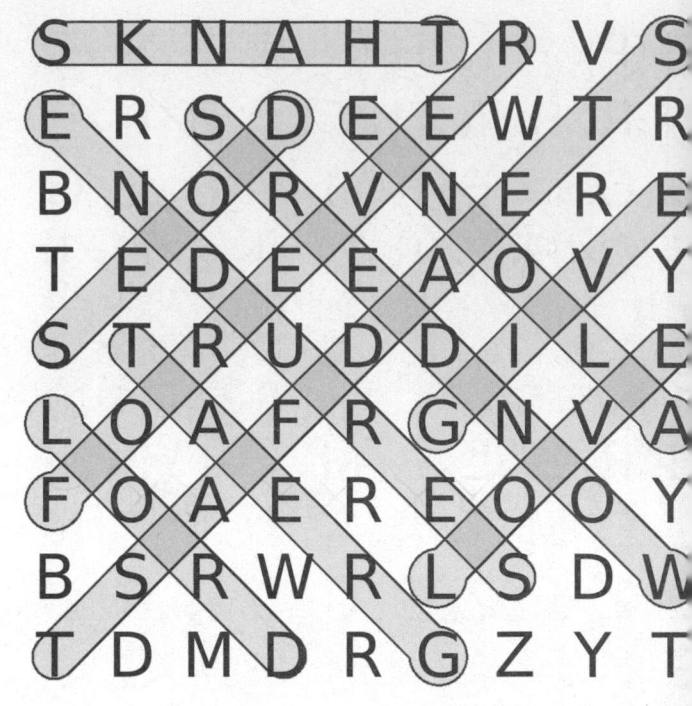

Psalm 137:6

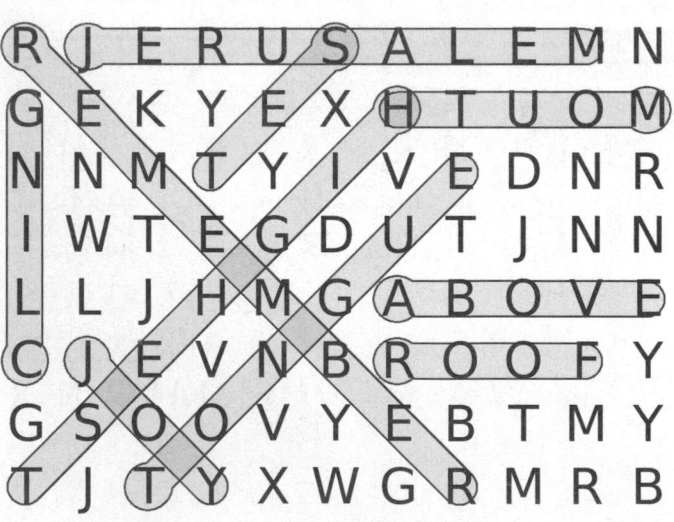

Psalm 138:4-5

Psalm 138:7

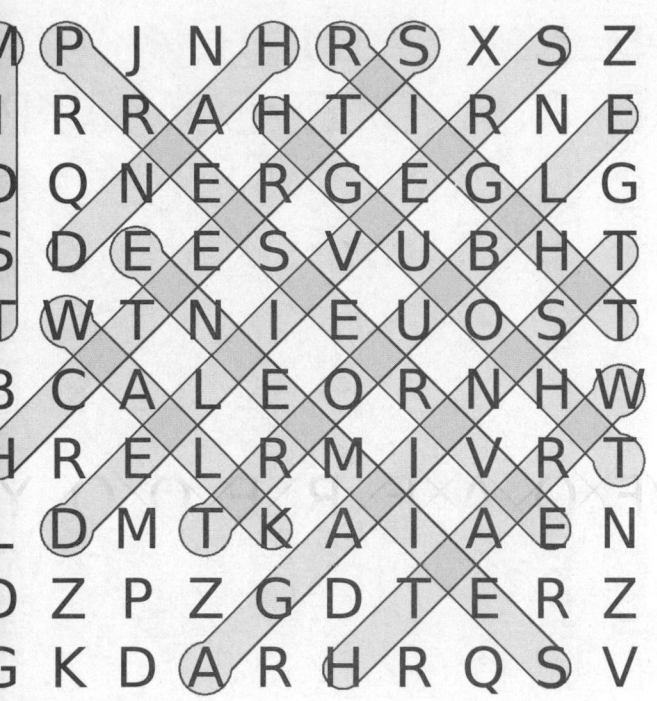

Psalm 139:1-3

Psalm 139:7-8

Psalm 139:14-15

Psalm 139:23-24

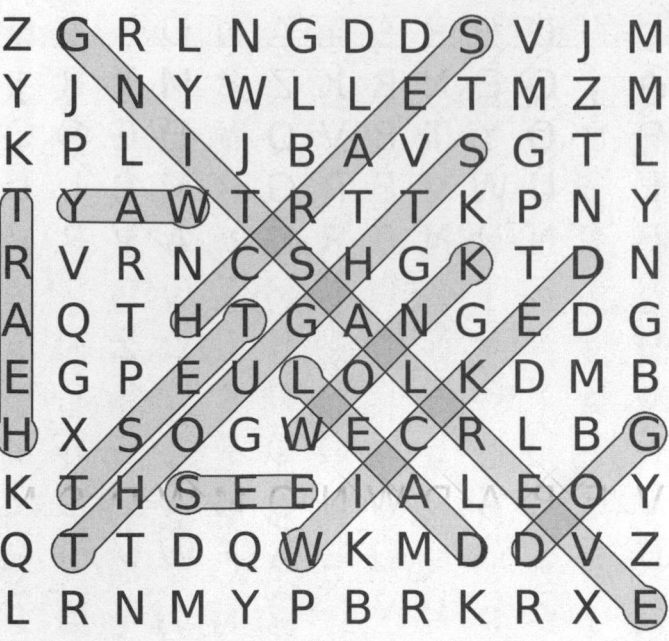

Psalm 140:12-13

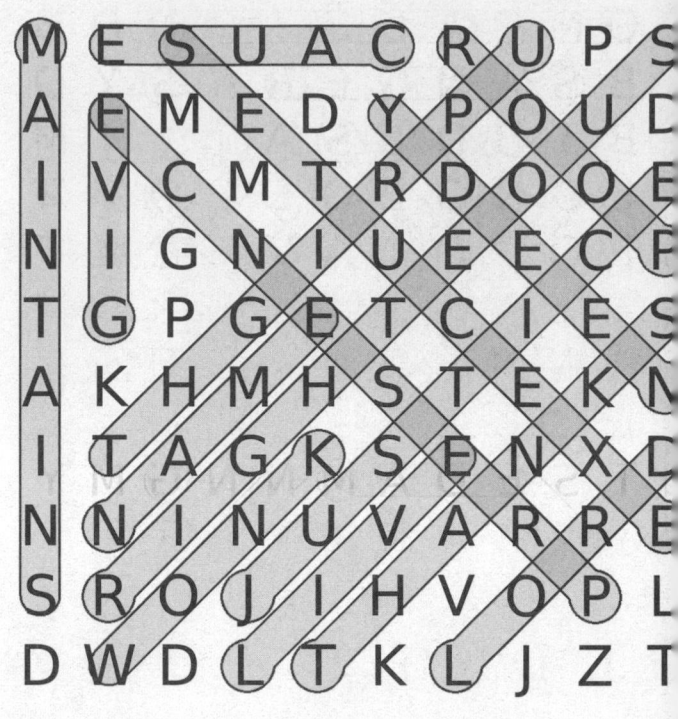

Psalm 141:1-2

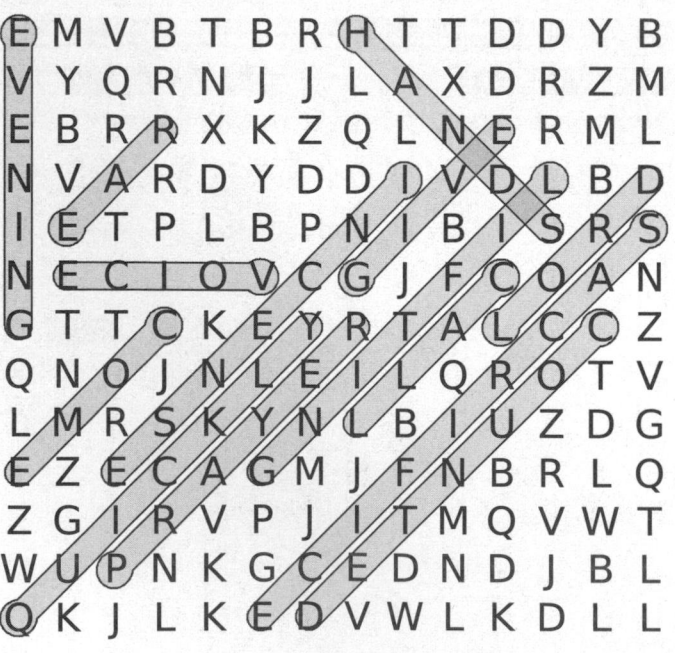

Psalm 143:5-6

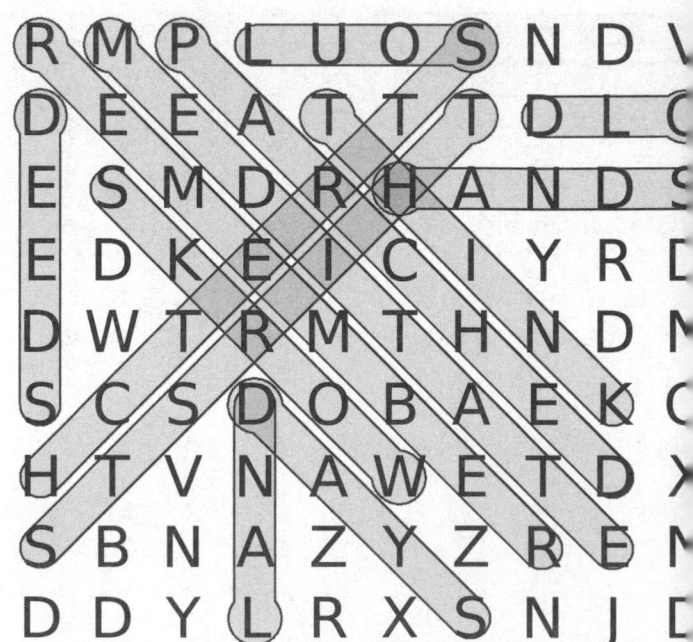

Psalm 145:8-9

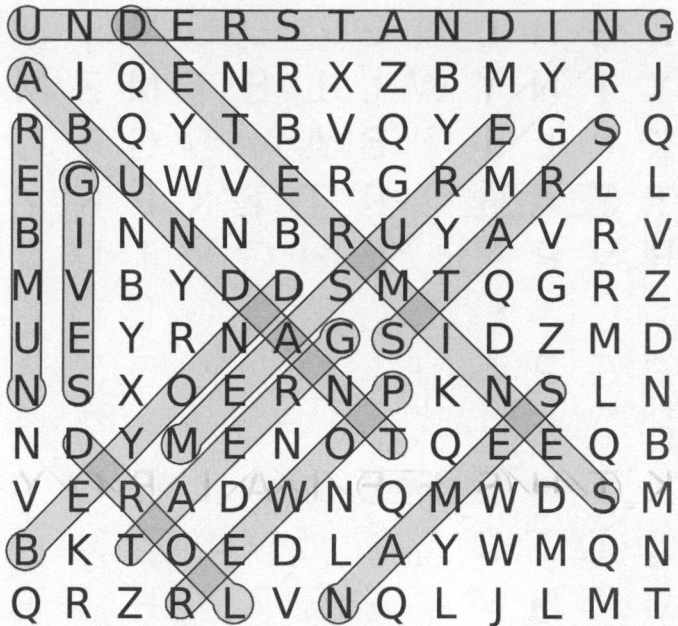

Psalm 147:4-5

Psalm 150:3-6a